行政诉讼
确认判决研究

高培培／著

法律出版社
LAW PRESS · CHINA
北京

图书在版编目（CIP）数据

行政诉讼确认判决研究 / 高培培著. -- 北京 : 法律出版社, 2025. -- ISBN 978-7-5244-0069-1

Ⅰ. D925.318.4

中国国家版本馆 CIP 数据核字第 2025MH5216 号

行政诉讼确认判决研究
XINGZHENG SUSONG QUEREN PANJUE YANJIU

高培培 著

策划编辑 张 岩
责任编辑 程鹏瑶
装帧设计 鲍龙卉

出版发行 法律出版社
编辑统筹 重大项目办公室
责任校对 王 丰 郭艳萍
责任印制 吕亚莉
经 销 新华书店

开本 A5
印张 9.625 **字数** 206 千
版本 2025 年 4 月第 1 版
印次 2025 年 4 月第 1 次印刷
印刷 北京虎彩文化传播有限公司

地址:北京市丰台区莲花池西里 7 号(100073)
网址:www.lawpress.com.cn
投稿邮箱:info@lawpress.com.cn
举报盗版邮箱:jbwq@lawpress.com.cn

销售电话:010-83938349
客服电话:010-83938350
咨询电话:010-63939796

书号:ISBN 978-7-5244-0069-1
定价:79.80 元

凡购买本社图书,如有印装错误,我社负责退换。电话:010-83938349

本书部分内容得到国家自然科学基金项目《财政资金资助项目计划书法律性质及相关问题研究——以国家自然科学基金为例》的支持,项目编号:L2324123

前言

在全面依法治国的背景下，全面保护公民的权利必然是“重头戏”。在行政诉讼中，建立完善的判决体系，对于保护公民权而言，意义重大。当前，我国形成了由撤销判决、给付判决、确认判决构成的行政诉讼判决体系，然而确认判决的类型、相关规则和适用仍然存在不明确之处。本书旨在通过建立和完善完整意义上的确认法律关系的判决，论证行政事实行为可以作为确认判决的对象，进而对行政诉讼确认判决这一判决类型进行重构。在行政诉讼确认判决理论的基础之上，对确认判决的地位作出补充性与专属性的区分，并认为行政诉讼确认判决因定位不同而存在适用要件的差异。由此对我国行政诉讼确认判决的立法和实践进行审查和检视,发现二者均存在问题,本书旨在完善我国行政诉讼确认判决相关立法并以此解决实践中的困惑。本书除导论和结语之外,正文由五章构成。

第一章介绍行政诉讼确认判决的概念及类型。通过对行政诉讼确认判决概念的相关学说进行爬梳,对行政诉讼确认判决进行界定,对行政法律关系和行政事实行为的可诉性及对应的判决形式进行分析,发现部分以行政法律关系为内容的诉讼,其判决形式只能是确认法律关系的判决,而对行政事实行为的违法性评价,唯有确认违法判决与之匹配,由此对行政诉讼确认判决进行重构,并将其划分为确认法律关系的判决、确认违法判决和确认无效判决三种类型。

第二章介绍行政诉讼确认判决的理论基础。本章探求行政诉讼确认判决存在与发展的理论基础,进一步印证扩充确认判决内容之正确性与现实需要性。具体而言,行政诉讼确认判决的理论基础为确认利益理论、权利无漏洞保护理论、司法最终解决原则、分权制衡原则,由此为行政诉讼确认判决的构建提供依据。

第三章介绍行政诉讼确认判决的应然定位及其适用。传统上,将行政诉讼确认判决定位为补充性、备位性的判决,即撤销判决、给付判决无法适用时,确认判决方能“现身说法”。但细究发现,该定位难谓准确,其中预防性确认判决、确认行政事实违法判决、确认无效判决并非传统意义上的补充性、备位性的判决，而是具有专属性地位的判决，本书在此定位的基础上构建行政诉讼确认判决的适用要件。

第四章介绍我国行政诉讼确认判决的现状与问题。本章分别从我国行政诉讼的相关立法与司法解释的规定以及司法实践的现状等方面，阐述了确认判决的适用现状与现存问题。行政诉讼确认判决相关立法的法条之间存在边界模糊，以及立法与司法解释之间存在矛盾等问题，并由此导致了行政诉讼确认判决在司法实践中的适用存在混乱的状况。

第五章介绍我国行政诉讼确认判决制度的完善。由于行政诉讼确认判决存在上述的种种立法和司法问题，因此匹配对应的举措并解决问题是当务之急。具言之，构建完整意义上的确认法律关系的判决，让确认法律关系之诉有对应的判决出口，解决矛盾和纠纷；舍弃“不具有可撤销内容”的表述，具体表述可以细化为：行政事实行为违法，且对原告权利造成损害的，作出确认违法判决；具体行政行为违法、已执行完毕且无法通过撤销判决恢复原状或恢复原状付出极大（不成比例）的代价的，作出确认违法判决；对“公共利益”“重大且明显”“程序轻微违法”等模糊或不确定的法律概念尽力找出识别或衡量的标准；准确评价“拖延履行法定职责”行为、对行政机关改变行政行为作限缩解释；对确认无效判决与确认无效诉讼的具体适用条件进行探索和完善；对我国行政诉讼确认判决相关补救和赔偿措施的完善提出建议。以此，对我国行政诉讼确认判决制度进行完善。

一般而言，增加一种判决类型，与之相关的案件审理规则及其适用要件也需“招兵买马”地进行匹配，但是实际情况是，与行政诉讼确认判决相关的适用规则并无特别提出。在我国，现行的行政诉讼仍以撤销诉讼为中心，判决类型也以撤销判决为重点，据 2014 年《行政诉讼法》[①]的规定，确认诉讼与确认判决是一种新型的独立的诉讼和判决类型，其必然不会也不能完全套用撤销诉讼与撤销判决的审理和裁判方法。因此，在新行政诉讼环境中，对确认判决的相关议题开展研究具有重要的价值和意义。

第一，回应 2014 年《行政诉讼法》新设的确认判决这一判决类型。行政诉讼确认判决为 2014 年《行政诉讼法》增设的判决类型，行政诉讼撤销判决和给付判决的规则和程序不能完全适用于确认判决，因此行政诉讼确认判决的相关裁判和适用规则是亟待解决的问题。本书拟借鉴德国、日本等地立

---

① 2014 年《行政诉讼法》的修改，将确认判决纳入其中，自此，确认判决正式入法。2017 年《行政诉讼法》进行第二次修正，其中关于确认判决的条款和内容并没有任何变动，因此，本书根据论述需要有时使用 2014 年《行政诉讼法》，有时使用 2017 年《行政诉讼法》，在此说明。

法，并结合我国审判实务之经验，完善行政诉讼确认判决相关适用规则和适用方法，促进我国行政诉讼判决类型化的规范发展。

第二，为公民权利提供完整的救济。判决是纠纷解决的出口，为保障权利救济的全面性和有效性，在行政诉讼中需要发展判决类型。行政诉讼确认判决的发展和其在司法实务中的应用，增加了行政诉讼判决的多样性，更广泛地保障了公民的权利，同时，在行政诉讼理论和实践中，确认判决具有补充性的一面，即在其他判决类型不能适用或不宜适用时，便可以适用确认判决，因此对其的研究能够使确认判决与撤销判决、给付判决一道，更好地发挥解决行政争议之功效，并为公民权利的救济增加完整性，形成保护公民权利的判决闭环。

第三，促进行政机关依法行政。当前，法治政府建设要求要给行政权力定规矩、划界限。但行政侵权行为依然存在，也必然会存在行政案件。因此，在行政案件中，对行政行为的合法性进行审查是审理各类行政案件的主线。但在行政诉讼确认判决中，法院不仅可以对行政行为的合法性进行审查，还可以对行政法律关系是否存在进行审查，这扩展了公民权利救济的广度和深度。法院不仅可以对一般诉讼期内的行政行为进行审查，还可以对诉讼期外的无效行政行为进行审查，这延长了对公民权利救济的时间。公民可以随时提起确认行政行为无效的诉讼、法院可以依法对无效的行政行为宣告无效，行政机关的无效行政行为不因超过起诉期限而有效，有随时受到司法审查的风险，因此，这也就促使行政机关在行政的过程之中遵守法律、依法行政。

目录

导　论

一、问题意识的形成

当今社会形态下，公平、正义、有序都是人类所欲求的理想状态。然而，一定时期内社会资源的有限性与主体追求自身利益最大化之间的矛盾是无法调和的。一旦出现利益分配的不公平，社会冲突便随之产生。由于社会关系的复杂性，社会冲突也呈现多样化的形态。当前，人们解决社会冲突的手段呈现多元化的形态，可以私力救济解决，也可以通过公权力裁判。在现代社会，诉讼是遏制和解决社会冲突的主要手段，判决是矛盾和纠纷解决的出口，具有核心的地位和意义。在全面依法治国背景下，人们的法治意识也在逐步地增强，越来越多的人利用法律解决争议。近年来,行政案件逐年增多,作为纠纷解决的出口的判决,在化解争议与矛盾的过程中,其地位无可替代。2014 年《行政诉讼法》在第 74 条与第 75 条分别规定了确认违法判决和确认无效判决,至此我国行政诉讼判决体系得以完善,并形成了撤销判决、给付判决、确认判决三足鼎立之局面。然而 2014 年《行政诉讼法》关于确认判决的规定中存在以下问题:对确认法律关系的判决规定得不完整;确认违法判决部分条款之间存在边界模糊和重叠问题;确认无效判决的适用中,对确认无效诉讼的起诉期限等没有作出特殊的制度安排;该法的第 76 条是关于确认违法和确认无效判决中行政机关赔偿和采取补救措施等问题的规定,但是该条并未明确行政机关在何种情况下应该承担赔偿责任或采取补救措施,也未明确行政机关采取补救措施的内容和对应的赔偿数额。上述立法的不足或缺陷导致了行政诉讼确认判决在实践中的混乱。

笔者通过中国裁判文书网检索到 622 个关于行政诉讼确认判决的案例。[①] 在这 622 个案例中除去非确认判决的案例以及重复案例,剩余 476 个,作出确认无效判决的案例有 7

① 检索日期截至 2020 年 4 月 26 日,检索网站为中国裁判文书网,案例的时间跨度为 2016 ~ 2020 年,检索的关键词为行政案件、确认判决。

个，作出确认法律关系存在与否的案例有 11 个，其余全是确认违法判决（包括情况判决）的案例。可见确认违法判决在确认判决中占很大比例。这些案例或许尚不能反映我国行政诉讼确认判决的实践全貌，但是它可以反映部分问题。通过对案例的研读与归类，笔者对我国行政诉讼确认判决存在以下思考：

第一，行政诉讼确认判决的对象是什么？是否包含事实行为和行政法律关系？

第二，行政诉讼确认判决存在和发展的理论基础是什么？

第三，行政诉讼确认判决在整个判决体系中的定位如何？其是撤销判决或给付判决这些“主角”判决的“配角”？始终处于“备位”，一直站在判决体系的末端？还是根据具体的适用情形有补充性与专属性区分，进而在适用时有第一顺位和第二顺位之别？重新定位确认判决对其在司法实践中的适用会产生怎样的影响？确认判决的具体适用条件是什么？确认利益是否为确认判决的一个适用要件？

第四，我国关于确认判决的立法和司法解释在适用上是否存在部分边界重合问题？该如何解决？

第五，确认无效诉讼是否受起诉期限的限制？举证责任如何分配？等等。

二、相关研究梳理与反思

在我国的行政诉讼判决体系下，作为判决类型之一的“新秀”——确认判决，存在一定的不足和问题。他山之石，可以攻玉，本书欲站在前人的肩膀上对行政诉讼确认判决的研究更进一步，以期为行政诉讼判决的理论发展增砖添瓦，为行政诉讼确认判决在实践中的运用答疑解难。以下是关于行政诉讼确认判决相关研究的梳理及反思。

（一）我国确认判决相关研究的梳理及反思

关于行政诉讼确认判决的研究现状分为两个部分：第一部分包括对我国行政诉讼确认判决的研究现状梳理、思考及总结，以及对我国台湾地区的立法进行简要介绍。第二部分是对德国、日本关于确认判决的研究现状进行分析，主要内容集中于德国、日本关于确认判决的立法。

1. 关于行政诉讼确认判决的文献梳理及反思

关于行政诉讼确认判决的文献梳理主要从专著、教材和期刊论文三大类进行，其中专著类有 2 本，教材类的相关研究主要散落于行政诉讼法的教材中涉及确认判决的部分，期刊论文类关于行政诉讼确认判决的研究主要集中于两个阶段和三种类型,以下将分而述之。

(1)专著类

通过对已经出版的相关著作进行搜索,发现国内并无以《行政诉讼确认判决》为题的著作,即专门关于确认判决的著作数量为0。但搜集发现,谈及行政确认判决的著作有2本,且内有专章涉及行政诉讼确认判决。其中一本著作是梁凤云法官执笔的《行政诉讼判决之选择适用》,这是笔者目之所及的、关于确认类判决和一般确认判决涵盖内容最广的研究。该书论述了一般确认判决、驳回诉讼请求的判决、情况判决和维持判决在我国行政诉讼判决体系中的地位及评价,以及各类判决形式的裁判基准和适用条件。[1] 其中论述了确认判决在我国建立的必要性与可行性,并认为确认判决的构建势在必行,同时还应限制一般确认判决中预防性确认判决的适用。

一般确认判决包括确认某种法律关系的判决、确认公权力效力的判决、确认合法性的判决和预防性确认判决。其中确认法律关系判决的标的是某种法律关系,确认公权力效力的判决针对的是行政行为的效力,确认合法性判决的标的是行政行为的合法性,预防性确认判决的标的是未来的行政行

① 参见梁凤云:《行政诉讼判决之选择适用》,人民法院出版社2007年版,第138~164页。

为或者规范性文件。在一般确认判决中确认利益必须具有正当性和紧迫性，裁判的时机必须达到“瓜熟蒂落”般的成熟度，方能适用一般确认判决。

关于驳回诉讼请求的判决，在梁凤云法官的《行政诉讼判决之选择适用》一书完成之际，行政诉讼法尚无关于驳回诉讼请求判决的规定，认为法官作出此判决是运用了法官的自由裁量权。该书认为驳回诉讼请求的判决具有存在的必要性和适用的广泛性，只是在适用顺序上不具备优先性，并认为在撤销诉讼、确认诉讼和给付诉讼以及课予义务诉讼中，其裁判的标的和基准均不相同。因此，驳回原告诉讼请求判决并没有唯一对应的诉讼类型，也就是驳回原告诉讼请求判决与诉讼类型之间的对应关系是一对多。同时，也可以说，在法律规定的判决方式内，如果不能判断行政行为的合法性问题，也不能适时回应原告的诉讼请求时，可以选择适用驳回原告诉讼请求判决。由于驳回原告诉讼请求判决具有消极性以及纠纷尚未解决的局限，因此在司法实践中，法院应严格控制驳回原告诉讼请求判决的适用。

情况判决，具有程序瑕疵治愈和违法行为转换之功能，其适用条件为被诉公权力违法，撤销违法的、被诉的公权力将会给国家和集体利益带来重大损失，人民法院作出确认判决后应同时责令相关行政机关采取补救措施，造成损害的，依法判决承担赔偿责任。此外，由于情况判决存在被滥用的风险，为防止法院与行政机关"一家亲"，应该严格限制情况判决的适用，并对其适用要件作出严谨审慎的解释。

关于维持判决，在2014年《行政诉讼法》修改之前，我国的行政诉讼法规定有维持判决，既有学者赞同维持判决存在的必要性，也有学者持反对意见，认为应该废除维持判决这一判决形式，梁凤云法官在《行政诉讼判决之选择适用》一书中认为，在当时的法律框架下，维持判决的存在有其意义，但不能忽视其明显的缺憾。即维持判决对被诉的行政行为产生拘束力，此时，行政机关无法再调整行政行为或者重新处理，否则，会造成行政机关不执行法院判决的情况发生。由此，维持判决将会导致法院的裁判事实上"冻结"了行政机关的行政行为，使行政机关失去自我纠正或改正的机会。该书最终认为，维持判决是一种行之有效的监督和促进行政机关依法行政的措施，应予以保持，只是针对其固有的缺点和不足，应进行具体的分析和针对性的解决。

章剑生教授主编的《行政诉讼判决研究》一书是关于整个行政诉讼判决体系的全面研究，涵盖行政诉讼补正判决、行政诉讼确认判决、行政诉讼驳回判决、行政诉讼维持判决等。其中的第二章是由张旭勇教授所写的"行政诉讼确认判决研究"，对行政诉讼确认判决做了系统而全面的研究，从行政诉讼判决存在的问题而始，述至确认判决相关学说，确认判决的种类、功能、适用条件以及与其他判决的关系等几项议题，尤其是在论及确认无效判决、确认违法判决与撤销判决和重做判决的关系、确认合法判决与维持判决以及驳回诉讼请求的判决时，将确认判决的地位清晰地呈现在读者眼前。[①] 该书认为一般确认判决是仅仅包含确认行政法律关系存在与否的判决，这与前书的观点存在明显的不同，可以说是完全相悖。该书的诸多论点论据对本书的持续写作具有启发意义，如在论证行政诉讼确认判决的功能和意义时，谈及行政诉讼确认判决存在的必要性时，在权利保障和纠纷解决时发挥的独特“魅力”，无可替代，认为确认判决具有独特的权利救济功能和较高层次的纠纷解决功能，体现了国家对人民的充分尊重与深切关怀。再如，在分析确认判决与其他判决的关系时，其严密的分析和论证以及具有启发性的结论，也为本书的论证提供了基础。

总之，该书关于确认类判决的研究，开阔了本书的写作视野，为本书的研究提供了指引，尤其是其中关于一般确认判决和情况判决的论述，为本书中对确认法律关系判决的思考和

① 参见张旭勇：《行政诉讼确认判决研究》，载章剑生主编：《行政诉讼判决研究》，浙江大学出版社 2010 年版，第 116 ~ 123 页。

情况判决的论证提供了基础资料。

另有一本著作也必须提及,即张旭勇教授所著的《行政诉讼判决原论》。该书虽然没有专章来写行政诉讼确认判决,但该著作的各个部分都引发了笔者的深入思考,如导论中关于行政诉讼类型与判决的关系的论证,使笔者厘清了确认诉讼与确认判决之间究竟是一种什么样的逻辑关系,原先一直萦绕心头的疑问——是否某个类型的诉讼必然匹配某种类型的判决,得以解决。[①] 同时因为我国实行的是行政诉讼判决类型化,而域外德日规定的是行政诉讼类型化。那么,此时面临的写作难题是:对于我国确认判决制度的完善,如何借鉴域外相关的确认之诉经验?如果将域外的确认诉讼直接生搬硬套到我国的确认判决,则会有“牛头不对马嘴”之嫌,给读者一种“诉讼类型和判决类型混淆”之感。而张旭勇教授专著中关于诉讼类型和判决之间关系的论证,即行政诉讼的诉讼类型与判决方式之间的关系不能一概而论,应根据不同的国家和地区关于诉讼和判决的规定来确认二者之间的关系。这为笔者解决上述“烦恼”提供了一种新的思路,指出了一个明确的方向。该书的第二章“行政判决对象论”中提及,行政法律关系、行政事实行为是否可以作为行政诉讼判决的对象,也为本书

① 参见张旭勇:《行政诉讼判决原论》,法律出版社 2017 年版,第 18 ~ 21 页。

对“公法上的法律关系”“行政事实行为”能否成为确认判决的对象之论证提供了思路。《行政诉讼判决原论》一书最后的几个章节“行政判决请求论”“行政判决职权论”“行政判决判决评价论”“确认判决适用论”的论证发人深思，尤其是“确认判决适用论”中，关于行政诉讼确认违法判决、确认无效判决适用条件的论证，启发了本书的写作。

（2）教材类

关于行政诉讼法的教材中，几乎都涉及行政诉讼确认判决，这不仅彰显了行政诉讼确认判决存在的必要性，也说明，作为行政诉讼判决的一个子类型，确认判决在行政诉讼中有着无法取代的位置。众多的教材中，如马怀德教授主编的《行政诉讼原理》第九章行政判决论中，谈及“确认判决及其适用条件”“情况判决及其适用条件”等部分。该书认为确认判决可分为两类：一类是确认被诉行为合法或有效的判决；另一类是确认被诉行为违法或无效的判决，且认为第一类确认被诉行为合法的判决的合理性存疑，因为这类判决超越了法院的审理权限和原告的诉讼范围，并与法院的中立地位不相符。在“情况判决及其适用条件”部分，该书认为被诉具体行政行为违法，法院本应作出撤销判决，但是，其特殊性在于，如果撤销被诉的违法的具体行政行为，将会给国家利益或公共利益带来重大损失，此时需要对个人利益、国家利益以及公共利益进行分析和权衡。最终作出确认被诉具体行政行为违法的判决，同时责令行政机关对受违法行为侵害的当事人采取补救措施或予以赔偿。该书并未将情况判决纳入确认判决中，且对确认判决的分类相对单薄，从现在来看，情况判决当隶属于确认判决，且确认判决作为上游概念，其下辖的子类型内容更为丰富。

何海波教授所著的《行政诉讼法》(法律出版社第 2 版)中第十章涉及行政处理的判决类型包含“确认行政行为违法”“确认行政行为无效”等。他认为在如下四种情况下，可适用确认违法判决：行政行为违法，但根据案件具体情况不宜撤销的；行政行为程序轻微违法，对原告权利不产生实际影响的；被诉行政行为违法但不具有可撤销内容或者是行政行为已经不存在的；被告不履行或者是拖延履行法定职责，判决履行没有意义的。其涵盖情形内容丰富，为本书的写作提供了重要参考。在“确认行政行为无效”的判决中，论述了行政行为的一般理论和行政行为无效的实践适用，启发了笔者写作的思考。

林莉红教授所著的《行政诉讼法学》(武汉大学出版社第 4 版)中关于行政诉讼“确认判决”的类型、适用、与其他行政诉讼判决的关系等内容，都是关于确认判决基础理论的解说和阐述，为本书第一章和第二章相关理论部分的写作以及后续章节观点的论证提供了重要的参考和依据。

此外，马克思主义理论研究和建设工程重点教材《行政法与行政诉讼法学》、章剑生教授的卓越法律人才培养规划教材《现代行政法总论》，均有涉及行政诉讼确认判决的部分，鉴于与前述提及的教材或专著的论述存在交叉或重叠，在此不再一一展开阐释，但毋庸置疑的是，它们均为本书的写作提供了丰富的研究资料。

（3）期刊论文类

除了上述专著和教材，还有相当一部分期刊论文对行政诉讼确认判决作了深入的论证。该类论文对行政诉讼确认判决及相关议题的论述，大致可以分为两个阶段和三种类型。两个阶段主要以 2000 年为时间节点进行划分，三种类型即对行政诉讼确认判决三个子类型的论述，以下分而述之：

第一个阶段是在 2000 年《最高人民法院关于执行〈中华人民共和国行政诉讼法〉若干问题的解释》（以下简称 2000 年《行政诉讼执行解释》）出台之前，国内学者关于行政诉讼确认判决的研究主要集中于——在行政诉讼判决体系中是否应该增加确认判决这一判决类型，即确认判决是否应该成为行政诉讼判决的一个子类型。

在国内最早提倡在行政诉讼中增加确认判决的应该是潘

昌锋法官。他在 1997 年发表的《试论我国行政判决形式的局限性及其完善》[①]一文，最早谈及确认判决，该文认为随着行政审判的进步与发展，行政诉讼的诉讼对象日益多元化，现有的几种判决形式存在操作性不强、范围较窄等局限性，权利保护有漏缺，所以解决行政判决形式局限的首要任务就是增加判决种类，完善行政诉讼判决类型。必要增加的判决种类之一就是确认判决，并应对行政诉讼中确认判决的具体适用情形和适用范围进行正向列举。此乃增加确认判决为我国行政诉讼判决类型之首倡，无疑具有重大意义。王克稳教授于 1999 年发表的《行政诉讼应增加确认判决》[②]一文，论证了行政诉讼应增加确认判决，目的在于有效和彻底解决行政争议纠纷、落实国家赔偿制度特别是行政赔偿制度，增加确认判决也是行政诉讼受案范围扩张的客观要求。文中还对确认判决的适用情形以及确认判决的效力问题展开了论述。该文认为确认判决作为一种特殊的判决而存在，它具有消灭行政行为之法律效力、终局地确定权益归属以及决定产生赔偿责任的法律效力。该文倡导在行政判决中增加确认判决这一类型，其意义之重大和影响之深远无须赘述。此外，张忠斌、刘曙军所著的

---

① 参见潘昌锋：《试论我国行政判决形式的局限性及其完善》，载《法律适用》1997 年第 3 期。

② 参见王克稳：《行政诉讼应增加确认判决》，载《政治与法律》1999 年第 6 期。

《现行行政判决形式的不足与完善》、[1]张轶昆法官的《对行政程序违法的审查与处理》[2]都提倡行政诉讼应增加确认判决这一类型。此时将确认判决增加为行政诉讼判决类型之一，成为理论界和实务界的共同呼声。

第二个阶段是在2000年《行政诉讼执行解释》出台之后，法官、学者、法学教育工作者对行政诉讼确认判决的研究，主要集中在确认法律关系的判决、确认违法判决、确认无效判决三种类型。

①确认法律关系的判决

关于确认法律关系的判决，研究主要集中在一个问题上，即在行政诉讼确认判决中是否涵盖确认法律关系的判决。对此，张旭勇教授认为行政诉讼确认判决的对象仅为具体行政行为。所谓行政诉讼确认判决，是通过对具体行政行为的合法性审查，以合法性审查的结果为基础，对具体行政行为作出相应的确认无效、违法或合法的一种独立的判决。[3] 郑广福的

① 参见张忠斌、刘曙军：《现行行政判决形式的不足与完善》，载《人民司法》1999年第7期。

② 参见张轶昆：《对行政程序违法的审查与处理》，载《山东审判》1999年第6期。

③ 参见张旭勇：《行政诉讼确认判决研究》，载章剑生主编：《行政诉讼判决研究》，浙江大学出版社2010年版，第115页。黄启辉认为应删除确认合法判决，因为它的存在违背法理、违背了行政诉讼的目的、违反了诉判一致原则。参见黄启辉：《完善行政确认判决之若干思考》，载《河南政法管理干部学院学报》2004年第6期。

《行政审判中的确认判决及相关法律问题》[1]与蔡小雪的《行政确认判决的适用》[2]等文也认为，行政诉讼确认判决的对象仅为行政行为，行政法律关系不能成为行政诉讼确认判决的对象，即排除确认法律关系的判决为行政诉讼确认判决的形式之一。

与上述观点相对，孔繁华、苏烨在《行政确认判决的内容与适用》[3]一文中认为，确认判决具有存在必要性，它不仅可以作为行政赔偿的根据，还可以确认某种法律事实或法律关系是否存在。两位作者认同将行政法律关系作为行政诉讼确认判决的对象，即认可行政诉讼确认法律关系的判决。这在当时来讲具有很大的进步意义。但该文对行政诉讼确认判决的分类并非科学也不尽合理，该文将实际上可以分别成类的确认违法判决、确认无效判决以及确认合法判决，交织叠加在一起，有范围不清、界限不明之嫌。因此本书在我国行政诉讼确认判决完善部分，尽力对确认判决的三种形式及适用情形进行区分。梁凤云法官的《不断迈向类型化的行政诉讼判决》[4]

① 参见郑广福：《行政审判中的确认判决及相关法律问题》，载《人民司法》2000年第9期。

② 参见蔡小雪：《行政确认判决的适用》，载《人民司法》2001年第11期。

③ 参见孔繁华、苏烨：《行政确认判决的内容与适用》，载《律师世界》2000年第5期。

④ 参见梁凤云：《不断迈向类型化的行政诉讼判决》，载《中国法律评论》2014年第4期。

一文，对2014年《行政诉讼法》中行政诉讼判决类型进行了评价。在谈到确认判决时，梁凤云法官认为确认判决乃是确认诉讼的最终结论，其中确认诉讼则包括确认某种行政法律关系存在与否的诉讼、行政行为违法或无效的诉讼。2014年修法对确认违法判决和确认无效判决作了补充和完善，遗憾的是没有明确规定行政法律关系是否存在一般确认判决形式。[①]据此可判断梁凤云法官认为行政诉讼确认判决中应增加确认法律关系的判决这一判决形式。杨伟东教授的《行政诉讼一审判决的完善》[②]、龙凤钊老师的《行政诉讼基本类型的调整与优化》[③]都认为我国应增加确认法律关系的判决。章志远教授的《论行政确认诉讼的运作规则》[④]一文中谈到确认无效、确认违法、确认法律关系等三种诉讼类型及其运行规则，这说明章志远教授对确认法律关系诉讼持赞同态度，而确认法律关系存在与否对应的判决形式必然有确认法律关系的判决，因此

① 参见梁凤云：《不断迈向类型化的行政诉讼判决》，载《中国法律评论》2014年第4期。

② 参见杨伟东：《行政诉讼一审判决的完善》，载《广东社会社学》2013年第1期。

③ 参见龙凤钊：《行政诉讼基本类型的调整与优化》，载《云南大学学报（法学版）》2014年第2期。

④ 参见章志远：《论行政确认诉讼的运作规则》，载《中州学刊》2009年第2期。此外李广宇、王振宇也倡导建立行政诉讼类型化，并主张建立确认之诉，情况判决、确认无效之诉、继续确认之诉、预防性确认诉讼等。也从侧面反映出法律关系可以成为确认判决的对象。参见李广宇、王振宇：《行政诉讼类型化：完善行政诉讼制度的新思路》，载《法律适用》2012年第2期。

这也从侧面反映出章志远教授认可行政诉讼确认法律关系判决的存在。解志勇的《预防性行政诉讼》[①]认为，在行政诉讼中仅仅有事后的救济是远远不够的，要达到为当事人的权利提供无漏洞的保护，必须要让事前救济、事中救济与事后救济相结合，因此，在当前的立法之下，还需要构建预防性行政诉讼以解决上述问题。该文认为，预防性行政诉讼的内容包含确认法律关系的诉讼，确认行政行为无效诉讼，确认行政事实行为的诉讼，判令禁止或停止行政行为或行政事实行为实施的司法制度。阎巍的《行政诉讼禁止判决的理论基础与制度构建》一文认为，确认行政法律关系的诉讼相对应的一个的判决形式为确认法律关系的判决。[②] 该文对本书的写作提供了触发性的思考，如该文所研究的确认法律关系诉讼与本书所研究的确认法律关系的判决是一个问题的两端，是一个问题的起点与终点。笔者趋于赞同，在行政诉讼中增加确认之诉，在行政判决中增加确认法律关系的判决。但是哪些行政法律关系需要由该类判决予以确认，以及增加该类判决会带来哪些法律后果，该文并未进行论证和说明，这将是本书深入研究

① 参见解志勇：《预防性行政诉讼》，载《法学研究》2010年第4期。

② 参见阎巍：《行政诉讼禁止判决的理论基础与制度构建》，载《法律适用》2012年第3期。此外，该文还主张要给相对人提供预防性权利保护（对应禁止判决），在给权利提供无漏洞的保护时，禁止判决和确认判决的分工存在交叉，同时根据案件所处的阶段不同，两种判决可能存在转化关系。

之处。

②确认违法判决

在目前所检索到的研究文献中，关于行政确认违法判决的研究较多，主要集中于确认违法判决的两种情形，即情况判决和确认行政事实行为违法判决，以下是对相关研究的梳理。

第一，情况判决的理解与适用问题。关于情况判决的研究主要集中于其适用问题，具体而言则是公共利益与个人利益之间如何权衡的问题。黄学贤教授2005年发表的《行政诉讼中的情况判决探讨》（以下简称“黄文”）、[①]金成波老师2011年发表的《中国情境下的情况判决——经由案例的钩沉》（以下简称“金文”）、[②]尹权等2008年发表的《情况判决的理论与现实反思及其完善》（以下简称“尹文”）、[③]马艳2020年发表的《情况判决的适用标准》（以下简称“马文”）、[④]章剑生教授2004年发表的《论利益衡量方法在行政诉讼确认违法判决中的适用》（以下简称“章文”）[⑤]等皆是关于情况判决的

① 参见黄学贤：《行政诉讼中的情况判决探讨》，载《行政法学研究》2005年第3期。

② 参见金成波：《中国情境下的情况判决——经由案例的钩沉》，载《行政法学研究》2011年第1期。

③ 参见尹权、金松华：《情况判决的理论与现实反思及其完善》，载《政治与法律》2008年第3期。

④ 参见马艳：《情况判决的适用标准》，载《行政法学研究》2020年第2期。

⑤ 参见章剑生：《论利益衡量方法在行政诉讼确认违法判决中的适用》，载《法学》2004年第6期。

研究。就对公共利益和重大损失的界定,“黄文”和“金文”对“公共利益”“重大损失”没有给出一个具体的界定标准,但介绍了其特征。例如给出了“公共利益”的特征,即具有公共性(地域的广泛性、受益对象的广泛性)、具有利益的重要性(明显大于私益和为一定区域的人们所共同认可)、具有现实性(可见的或者经过努力在一定时期内是可以实现的,而不是虚无缥缈或者可望而不可即的)。通过上述特征来识别公共利益。至于“重大损失”则需要法院在具体案件中衡量,同时还提出了一些相对抽象的解决路径。相比之下,“尹文”针对上述“公共利益”难以界定的问题提出了一个解决方案,即从“质”和“量”两个方面进行对比。首先,应是同质对比,即公共利益和私人利益的“质”必须相同,在此之下才能进行量化的比较,例如如果是经济利益,双方的利益均为经济利益,即利益同质。否则,将公共利益直接高于私人利益是对公共利益的误解和对私人利益的懈怠。当两种利益处于同“质”时,才可以判断多数“量”公共利益优先于个人利益。“金文”认为,在进行情况判决时要重点考虑对私益的保护,将私人利益纳入衡量的范围。[①] “章文”也认为在适用确认违法判决时,必

① “金文”也认为在进行利益衡量时,应将“个人利益”纳入衡量范围。参见金成波:《中国情境下的情况判决——经由案例的钩沉》,载《行政法学研究》2011 年第 1 期。

须引用利益衡量的方法，以期获得适当的司法判决，消解违法行政行为带来的利益冲突，该文对情况判决适用利益衡量法进行了较为深入的研究。此外“马文”对上述问题的解决提出了更细致、更具操作性和执行性的解决办法。对公益认定的责任进行重新分配，制定公益认定的规则和程序，对重大损害的认定应该引入比例原则，减少法院对公益认定的任意性和随意性。金成波另外一文《行政诉讼之情况判决检视》①与郑春燕的《论“基于公益考量”的确认违法判决——以行政拆迁为例》（以下简称“郑文”）②认为我国可参照日本关于情况判决的立法模式，即用驳回原告诉讼请求的判决代替确认违法判决。③“马文”认为关于对原告的赔偿问题，可以增加赔偿的协商沟通环节，以减少当事人的诉累，尽快弥补损害。“郑文”认为应将补救措施定位于确认违法判决的附条件判决，在确认行政行为违法之外应增加对原告的损失赔偿。

---

① 参见金成波：《行政诉讼之情况判决检视》，载《国家检察官学院学报》2015年第6期。

② 参见郑春燕：《论“基于公益考量”的确认违法判决——以行政拆迁为例》，载《法商研究》2010年第4期。

③ 笔者更倾向于我国当前的立法模式，原因在于驳回诉讼请求的判决是对原告诉讼请求的全面否定，但是情况判决的前提是行政行为违法，原告诉求应得到支持，只不过涉及公共利益等，需牺牲个人利益。若作出驳回诉讼请求的判决，则与行政机关后续采取的补救措施和赔偿损失存在逻辑上的矛盾和理论上的不自洽。进而笔者认为我国的确认违法判决的规定一定程度上更有利于缓解原告当事人一方的对抗情绪，更有利于纠纷和矛盾的解决。

以上多元化的研究视角和关于情况判决适用的检视及对策研究，具有很大的启发意义，开阔了本书的研究视野。

第二，确认违法判决是否应包含确认行政事实行为违法判决？对这一问题的回答可以归结为对行政事实行为可否成为确认判决的对象这一问题的回答。学界关于行政事实行为可否成为确认判决的对象的问题，有不同的观点。张旭勇教授认为行政事实行为不宜作为确认判决的对象，原因在于对行政事实行为的评价，主要是对行政行为造成的损害进行救济。所以，对行政事实行为造成的损害，可以直接通过行政赔偿诉讼解决，没有必要单独提起确认诉讼来评价其违法性。[①]与之相反的观点是，龚钰淋的《行政事实行为救济制度研究》[②]一文认为，行政事实行为是可诉的，其理由在于，行政事实行为作为一种行政方式具有可致权益受损性，同时，将行政事实行为纳入救济轨道也是依法行政的要求。同时，为行政事实行为的诉讼匹配确认违法判决并可以附带赔偿判决，原因在于，确认判决用来确认行政事实行为造成的侵权，附带的赔偿判决令行政主体除去损害后果。闫尔宝教授的《行政事实行为之再阐释》[③]一文认为，行政事实行为不具有决定性，不能通

① 参见张旭勇：《为我国行政事实行为救济制度辩护》，载《法商研究》2012 年第 2 期。
② 参见龚钰淋：《行政事实行为救济制度研究》，载《河北法学》2010 年第 1 期。
③ 参见闫尔宝：《行政事实行为之再阐释》，载《公法研究》2005 年第 1 期。

过意思表示内容确认其合法性。因此,对行政事实行为的救济通常有确认之诉、给付诉讼等救济类型,当对行政事实违法行为提起诉讼,法院作出的判决是确认违法判决,由此可得出,闫尔宝教授对行政事实行为可以成为确认违法判决的对象持支持态度。现在主流观点也认为,行政事实行为可以作为确认违法判决的对象,且认为 2014 年《行政诉讼法》(已修改)第 74 条第 2 款第 1 项就是对行政事实行为作出确认违法判决的规定。[①]

此外,以下研究也具有学习与启发意义。梁君瑜老师所发表的《行政程序瑕疵的三分法与司法审查》、[②]《论行政程序瑕疵的法律后果》,[③]杨亮庆的《试论一类程序违法行政案件的判决——兼析〈行政诉讼法〉新司法解释第 57、58、59 条》[④]对本书关于确认违法判决部分提供了启发性的思考。蔡小雪法官的《行政确认判决的适用》[⑤]一文、张晋红老师的《关于中

---

① 参见袁杰主编、全国人大常委会法制工作委员会行政法室编著:《中华人民共和国行政诉讼法解读》,中国法制出版社 2014 年版,第 8 页。

② 参见梁君瑜:《行政程序瑕疵的三分法与司法审查》,载《法学家》2017 年第 3 期。

③ 参见梁君瑜:《论行政程序瑕疵的法律后果》,载《华东政法大学学报》2019 年第 2 期。

④ 参见杨亮庆:《试论一类程序违法行政案件的判决——兼析〈行政诉讼法〉新司法解释第 57、58、59 条》,载《政法论坛》2001 年第 1 期。

⑤ 参见蔡小雪:《行政确认判决的适用》,载《人民司法》2001 年第 11 期。

间确认判决制度的立法思考》[1]一文是关于民事确认判决的论述，系统论述了民事确认判决的适用条件，也对本书的写作具有启发意义。黄学贤教授所写的《形式作为而实质不作为行政行为探讨——行政不作为的新视角》[2]一文，将行政行为分为程序行政行为和实体行政行为，尤其是他提出的形式作为而实质不作为的行政行为最终应定性为行政不作为，属于行政违法行为的观点格外发人深思。此外，陈国栋的《论行政赔偿诉讼中的“违法”》[3]一文对确认违法中行政行为的“违法标准”进行了精细化研究，提倡我们国家应该采用英国的立法模式，将“违法”的判断标准确立为违反合理的职务注意义务。

③确认无效判决

关于确认无效判决的文献梳理，主要集中于三个问题：“重大且明显违法”的识别标准、无效行政行为的起诉期限、相应的举证责任。

关于“无效行政行为”的识别标准，学界观点较为统一，基

① 参见张晋红：《关于中间确认判决制度的立法思考》，载《中国法学》2002 年第 5 期。

② 参见黄学贤：《形式作为而实质不作为行政行为探讨——行政不作为的新视角》，载《中国法学》2009 年第 5 期。

③ 参见陈国栋：《论行政赔偿诉讼中的“违法”》，载《政治与法律》2010 年第 8 期。

本持“重大且明显违法”为“无效行政行为”的辨别标识。① 识别“无效行政行为”的主要目的在于将“无效行政行为”与“可撤销行政行为”区别开来，因为二者分别适用不同的判决类型。“无效行政行为”适用确认无效之判决，“可撤销行政行为”适用撤销判决。除此之外，无效行政行为的特殊性还在于，确认无效诉讼的起诉期限不受一般起诉期限的限制，张旭勇、尹伟琴的《行政诉讼确认无效判决三题》（以下简称为“张尹文”）、②金伟峰的《我国无效行政行为制度的现状、问题与建构》（以下简称“金伟峰文”）、③苏峰的《行政行为效力理论与确认判决制度》（以下简称“苏文”）④均持此观点。而撤销诉讼受一般起诉期限的约束，这已被立法所确认。“张尹文”

① 梁君瑜对确认无效判决中“重大且明显违法”之情形进行了细致的分析。依据我国2014年《行政诉讼法》第75条关于“重大且明显违法”的列举，即行政行为的实施主体不具有行政主体资格、行政行为没有依据等重大且明显违法的情形。前者“不具有行政主体资格”仅包含行政行为的实施主体不具有行政主体资格且不具有行政权能、实施主体不具有行政主体资格但具有行政权能两种情形，其余的情形均不构成无效行政行为。对于后者，“没有依据”是指如下两种情况：未写依据、仅笼统列明依据未援引具体条文+诉讼系属后没有补充依据或补充了依据，但无法通过既有证据使该案事实涵摄所补充依据。其他的情形皆不属于“没有依据”。参见梁君瑜：《论行政诉讼中的确认无效判决》，载《清华法学》2016年第4期。

② 参见张旭勇、尹伟琴：《行政诉讼确认无效判决三题》，载《行政法学研究》2004年第4期。

③ 参见金伟峰：《我国无效行政行为制度的现状、问题与建构》，载《中国法学》2005年第1期。

④ 参见苏峰：《行政行为效力理论与确认判决制度》，载《行政法学研究》2007年第2期。

认为对确认无效诉讼不作起诉期限的限制，原因在于，如此方可为原告权利提供救济的延长线，并认为应对确认无效判决与撤销判决二者之间的关系作模糊处理。根据原告的诉讼请求、对原告权利的救济程度应综合多种因素考量，可以选择适用确认无效判决或撤销判决。只有超过一般的诉讼期限的确认无效诉讼才必须作出确认无效判决。此外，关于确认无效诉讼的起诉期限，也有学者认为应受到合理起诉期限的限制，①原因在于法律不保护“在权利上睡觉的人”。

关于确认无效诉讼的举证责任，“张尹文”“金伟峰文”“苏文”以及梁君瑜老师的《行政行为无效确认之诉的理论内核与制度前景》②等文章均认为，由原告承担行政行为无效的举证责任，被告依然承担行政行为合法性的举证责任。此外，“张尹文”还厘清了确认无效判决的对象仅为成立的无效行政行为，“金伟峰文”还对无效行政行为制度进行了具体构建，“苏文”对行政行为的成立与生效以及有效等作出逻辑上的分析，这些对笔者研究确认无效判决部分，无疑具有重要的启发性的意义。

---

① 如果当事人已经知道无效行政行为的存在，他应当在合理期限内提起诉讼。参见王青斌、张莹莹：《论无效行政协议的起诉期限》，载《浙江学刊》2018 年第 5 期。

② 参见梁君瑜：《行政行为无效确认之诉的理论内核与制度前景》，载《理论月刊》2016 年第 7 期。

此外,近年来有很多学者关注到行政诉讼确认判决的定位问题。张浪的《行政诉讼中确认无效之诉的问题探讨》[①]一文认为行政确认无效诉讼,虽属于确认诉讼的大类型,但它的地位并非备位性的,而是具有专属性的地位且排他适用。梁君瑜老师的《行政行为无效确认之诉的理论内核与制度前景》一文将“备位性”分为“事实上的备位性”和“法规上的备位性”。[②] 该文认为确认无效诉讼与撤销诉讼相比较,确认无效诉讼具有事实上的备位性,并因此可以补充并加强撤销诉讼的救济功能,形成对原告权利救济的合力。并在《论行政诉讼中的确认无效判决》一文中进一步论证了确认无效判决也具有事实上的备位性,明确了确认无效判决的定位。王贵松教授的《论我国行政诉讼确认判决的定位》[③]一文,详细比较了我国行政诉讼确认判决与其他判决类型的关系,经对比研究发现,确认判决中的确认行政事实行为违法判决、确认无效判决,是处于专属性地位的判决,其余情形的确认违法判决则在

---

① 参见张浪:《行政诉讼中确认无效之诉的问题探讨》,载《法学论坛》2017 年第 2 期。

② “法规上的备位性”是指基于诉讼经济等考虑而由法律明确规定,在功能竞合的多个诉讼之间形成“优位诉讼”与“备位诉讼”,后者的提起顺位比前者靠后。“事实上的备位性”则不存在“优位诉讼”与“备位诉讼”之间的功能竞合,仅仅是为充分救济原告而在诉讼策略上形成提起顺位。参见梁君瑜:《行政行为无效确认之诉的理论内核与制度前景》,载《理论月刊》2016 年第 7 期。

③ 参见王贵松:《论我国行政诉讼确认判决的定位》,载《政治与法律》2018 年第 9 期。

行政判决体系中处于补充地位,其写作思路和论文观点都给本书写作带来了很大的启示。

经过对以上文献的梳理,笔者深切地感受到,对于行政诉讼确认判决,我国行政法学界的学者进行了较多的探讨,其中不乏精细化的研究和在确认判决观点上的突破与创新。但令人遗憾的是,上述探讨仅停留在对行政诉讼法新旧相关条款的研究,即对个别条目的分析和研学,以及对个别条款在实践中存在的问题进行修补,而没有从学理上对行政诉讼确认判决进行整体把握和分析。综观我国的实践现状和理论研究现状,对行政诉讼确认判决进行深入的、细致的、整体的研究实属必要。

2. 我国台湾地区相关规定的梳理

我国台湾地区规定了确认公法关系的诉讼。所谓公法关系是指两个及以上的主体,在一些特定的事项或事件中,基于公法上的规定,所成立的法律上的联系。法律关系构成有两部分,即权利和义务,如果某一个法律关系整体,或者法律关系中可以独立的个别权利、义务或者是法律效果,只要当事人有即受的法律上的确认利益,都可以请求法院确认其存在与否,就可以提起确认法律关系诉讼。不管公法上的法律关系是现在的、过去的抑或将来的,都可以成为确认诉讼的对象,即根据我国台湾地区"行政诉讼法"第 6 条第 1 项到第 3 项的规定,提起公法上法律关系存在与否或成立与否的诉讼,需要原告方具备受确认的法律上的利益,而且对三种时态的法律关系均可提起诉讼。且该行政诉讼规定对提起法律关系确认之诉的确认事项进行了部分列举规定,如确认之事项有:国籍的有无、学籍的有无等具有人身属性的法律关系,供公共使用的私有房屋免征税额等确认物的性质的法律关系。对不可确认事项也进行了部分列举:如某人是否素行良好应该依据各机关或学校的管理办法,在应聘时进行认定,而非提起公法上的法律关系诉讼。

我国台湾地区“行政诉讼法”第6条第3项规定了确认无效诉讼,并以立法表明确认无效诉讼是补充性原则的例外。此点与德国的规定相同,即无效之行政处分,仅能通过确认判决确认其无效。此时确认无效诉讼不是备位性与补充性,而是具有独立性,因为行政行为无效的情况下,必须而且只能通过确认诉讼来解决纠纷。

(二)域外国家相关立法梳理及借鉴

关于确认判决立法与研究的域外国家,主要有德国、日本。德国、日本实行的是行政诉讼类型化,且严格遵循诉判一致的传统。即便我国施行的是行政诉讼判决的类型化,依然可以从上述国家的确认诉讼立法规定中寻求借鉴。

1. 确认法律关系的判决

德国关于确认法律关系的判决可以从德国《行政法院法》第 43 条第 1 款第 1 种情形"一般确认之诉"和第 173 条并《民事诉讼法》第 256 条第 2 款规定的"中间确认之诉"得出。[①] 前者为确认法律关系存在与否的诉讼,对应的判决为确认法律关系存在与否的判决。后者为如果在一个诉的诉讼过程中,有争执的法律关系是该诉的全部或部分裁判依据,那么可以在言词辩论结束前,申请法官来裁判确定该项法律关系。[②] 值得注意的是,该项法律关系成为行政诉讼确认判决的对象的前提是该法律关系为公法上的法律关系,即行政法律关系,而且这种法律关系需要足够具体。此法律关系通常有如下特征:它是一种从某一具体事实产生的、人与人之间或者人与物之间的公法上的法律关系,是足够具体的法律关系。例如,关于营业法上或旅馆法上的许可义务的争议、各种团体以及自治机构成员资格和地位权利问题的争议。如果是一种抽象的法律问题或者某一法律条文的具体内容抑或某些纯事实层面的事件,则不能成为一般确认诉讼的对象。常见的不足够具

① [德]弗里德赫尔穆·胡芬:《行政诉讼法》,莫光华译,法律出版社 2003 年版,第 311 页。

② 参见[德]弗里德赫尔穆·胡芬:《行政诉讼法》,莫光华译,法律出版社 2003 年版,第 338 页。

体的法律关系的争议，例如关于行政机关的职能、权限、没有利害关系的抽象的争议，未来的公务员待遇问题，无关于己的无动因争议。

在德国立法中，为了避免一般确认诉讼可能使法院沦为法律问题的咨询部门或鉴定部门，要求原告提起一般确认诉讼时，必须具备能够尽快确认的且是正当的利益。正当利益是提起一般确认诉讼的主观要件，能够尽快确认是提出一般确认诉讼的时间要件。在德国，一般确认之诉处于补充地位，根据德国《行政法院法》相关规定，一般确认诉讼处于补充地位，如果原告可以通过形成之诉来主张自己的权利，那么就不能通过一般确认之诉来实现。即仅当原告不能通过其他诉讼解决问题时，才能通过一般确认诉讼进行权利救济。而且，其他诉讼，例如形成之诉能够一次性实现原告的权利，一般确认诉讼通常是不能一次性地直接实现原告的权利，即一般确认诉讼提供的救济不如形成之诉那么彻底。不得不提的是，在德国的审判实践中，一般确认诉讼的地位实现了突破。例如，将某些学校纳入国家的学校主体的法律义务的确认之诉。很多将学校作为主体承担国家的教育义务的给付诉讼，法院只能一个一个地判决某学校是否是承担教育义务的主体。比较而言，如果国家对学校作为教育义务的主体规定一定的标准，如果符合此标准，可直接确认某类学校可承担国家教育义务。

与一个个地对承担教育义务的主体提起给付诉讼相比，批量的确认诉讼可能更高效，更便捷，更能节约司法资源。由此，一般确认诉讼就呈现出其优越性，可以说一个确认之诉能够省去大量的给付之诉。

此外，在德国的立法中，还可以从“预防性确认诉讼”中窥探到确认判决的“身影”。预防性确认诉讼存在的法理在于，如果不能苛求原告在某一损害发生时才可以提起诉讼，就应该考虑用预防性确认诉讼进行保护。该国规定的预防性确认诉讼针对的是制止某种行为或者具有“威胁性”的法律规范。此处所谓具有“威胁性”的法律规范就是确认法律关系判决的一部分。只不过是，该法律关系是一个未来的法律关系，但是根据当前的情况可以得到确定。由于该法律关系还未发生，对原告造成的可能损害也未发生，因此，对原告提起预防性确认诉讼的要求必须苛刻，其严苛性主要表现在：即将发生的法律关系所造成的影响，在将来无法也不可能通过诸如撤销诉讼消除或者给付诉讼难以提供救济或者其影响难以消除，或者所产生的损害无法补救或挽回，才可以提起确认法律关系的预防性诉讼，才能采取预防性法律保护的措施。

2004 年日本《行政事件诉讼法》的修改，将实质当事人诉讼由原来“确认公法上法律关系的诉讼”的确认诉讼，进一步修改并细化为“关于确认公法上法律关系的诉讼和其他公法上法律关系的诉讼”①。事实上“关于确认公法上法律关系的确认诉讼”乃属于“有关公法上法律关系诉讼”的一种,将其单独列出,旨在对当事人诉讼起到“口袋”的作用,以保护其合法权益。即当关于“行政行为”的救济无法起作用时,法律关系的确认诉讼能够为当事人提供保护和一定程度的救济。稍显遗憾的是,修改后的确认公法关系的诉讼并未对其诉讼要件进行规定。学者一般认为,日本的公法关系确认诉讼的诉讼必备要件应当与民事诉讼的必备要件做同样的考虑。例如在公法关系确认诉讼中,应考虑原告在诉讼中具备法律关系上的确认利益,而且,只要当事人被认为有确认利益或无法提起行为诉讼之时,均可提起确认公法关系的诉讼,由此可见,当事人诉讼在抗告诉讼不能提供救济的情况下,能为原告的诉讼权利保护起到补充作用,即确认公法关系的诉讼处于补充地位和备位地位。在确认对象的认定上,一般认为,公法关系确认诉讼中,应针对的是法律关系或法律上的权利,即不具有处分性质的一些行政活动,例如行政计划、行政指导、通达等。②

行政诉讼法对“确认公法上法律关系的诉讼”的诉讼要件

① 江利红:《日本行政诉讼法》,知识产权出版社2008年版,第603页。

② 参见江利红:《日本行政诉讼法》,知识产权出版社2008年版,第604页。

未作规定。

2. 确认违法判决

德国、日本并无明确的、关于确认行政行为违法对应的诉讼,只是规定了对一些行政行为可以提起确认诉讼,带有确认行政行为违法的功能。在德国《行政法院法》第 43 条的确认诉讼中并没有规定继续确认诉讼,但是在其第 113 条规定了即使没有初始的其他诉讼,但原告提起继续确认诉讼具有正当利益,法院经查明属实,将通过判决宣布确认行政行为是违法的,这就是德国继续确认之诉的根基。[①] 在德国,继续确认之诉分为:义务之诉终结后的继续确认之诉、停止作为或给付之诉以后的继续确认之诉、一个法律规范“终结”后的继续确认之诉、规范颁布后的继续确认之诉、确认之诉以后的继续确认之诉。上述继续确认之诉的提起必须具备下列至少一种确认利益,才具备提起诉讼的可能性,如存在重复的危险、恢复名誉利益(为了消除某种继续存在的歧视)、为了澄清故意的职务责任或赔偿诉讼的准备、其基本权利地位受到侵害。[②]

值得注意的是,此处规定的继续确认之诉并不是一个独立的诉讼类型,因为它同确认无效诉讼一样,诉讼对象是一个

① 参见德国《行政法院法》第 113 条第 1 款第 4 项。

② 参见[德]弗里德赫尔穆·胡芬:《行政诉讼法》,莫光华译,法律出版社 2003 年版,第 333 页。

已经不产生任何实际效果的行政行为。之所以依然允许对一个已经不存在或者不起作用的行政行为提起诉讼,原因在于,原告一方有上述值得保护的确认利益。由于上述无法回避的、必须保护的确认利益依然需要抚平,因此,继续确认之诉既有必要也有重大意义。尤其是在实践中,继续确认之诉“出场”的概率有时会大于撤销之诉,由于行政机关的行政行为之高效性,其行政措施往往结束于法律争议解决之前,此时对于原告权利的救济,确认诉讼可能是唯一的选择。

在日本,行政确认违法诉讼针对的是行政不作为行为。当相对人为了自己的权益向行政机关提出申请,而行政机关不答复或者没有任何行动时,由于行政机关没有任何作为,此时相对人并不能提起撤销诉讼或其他类型的诉讼,只能提起确认违法诉讼。因此,日本的确违法诉讼为相对人权利的救济增加了筹码和可能,也正因如此,关于行政不作为规定的违法确认诉讼具有独立的诉讼意义。首先,原告提起不作为违法确认诉讼的目的在于,督促被告作出作为的行政行为。其次,当督促被告履行作为的行政行为无意义时,原告可以因此要求法院,确认不作为行为违法。即便在 2004 年日本修法之后,其增添了课予义务诉讼。此时,不作为违法确认诉讼仍然为一种独立的诉讼形式,仍然具有存在的意义和必要,因为根据日本《行政事件诉讼法》第 37 条第 3 款第 3 项的规定,当原告对于行政机关的不作为之行政行为提起课予义务诉讼时，必须合并提起不作为违法确认诉讼。[①] 在日本，不作为违法确认诉讼被明文定位为抗告诉讼，但是在请求确认不作为违法的意义上，该诉讼属于确认诉讼，在保护国民申请权的意义上是主观性诉讼。

在日本，根据《行政事件诉讼法》的规定，不作为违法确认诉讼需要具备以下诉讼要件：法令上或法令的相关解释规定，申请者申请行政机关作出相应的处分或裁决，行政机关经过法定期间或者相当长的期间，仍然没有作出任何行为，此时申请者申请法院确认该行政行为违法。上述为不作为违法确认诉讼的主客观要件。因此在不作为违法确认诉讼的审理中，其审理的对象是：该申请是否在法律上有规定，行政机关是否长时间不作为。在不作为违法的确认诉讼中，前期的申请的举证责任由原告承担，不作为合法的举证责任由作为被告的行政机关承担。令人遗憾的是，关于不作为违法的确认诉讼的判决的效果，行政机关必须对原告的申请作出决定，但是如果行政机关不服从行政判决，使不作为的形态持续进行下去，日本《行政事件诉讼法》并没有对此作出规定，而且即使行政机关继续不作为，行政机关也不会因此当然地承担赔偿责任。

① 参见江利红：《日本行政诉讼法》，知识产权出版社2008年版，第526页。

于是在2004年《行政事件诉讼法》修改之后,规定了申请型课予义务诉讼必须与不作为违法确认诉讼合并提起,这样才能更好地一次性解决纠纷。

3.确认无效判决

确认无效判决对应的是确认无效诉讼。德国、日本均规定了确认无效的诉讼,原告提起确认无效诉讼时,不受诉讼期限的限制。另外,原告须具有确认利益。德国《行政法院法》第43条第1款第2项规定,原告可以通过确认之诉向法院申请,确认该行政行为自始无效。[①]"行政行为已向原告公布"(原告已得知该行政行为)是原告提起确认无效诉讼之前提,即原告知道该行政行为无效,才能提起确认无效诉讼。通过一个确认之诉,确认该行政行为自始无效,也正是由于行政行为自始无效,所以不可能通过撤销之诉进行撤销,因为该行为被视为不存在。那么,既然行政行为是无效的,为何依然需要原告向法院提起诉讼,由法院确认其无效呢?原因在于,虽然原告被告知某行政行为是无效的,但由于其具备行政行为的外观,仍需由法院作出权威性的无效的认定。

原告提起确认无效诉讼不仅需要具备确认利益,还需要

---

① 参见[德]弗里德赫尔穆·胡芬:《行政诉讼法》,莫光华译,法律出版社2003年版,第323页。

具备原告的权利有受到该行政行为侵害的可能性。当原告提起确认无效之诉时,原告必须提供有关行政行为无效的事实,法院通过对这些事实进行法律评估,才能得出该行政行为是否自始无效。另外,如果法院基于原告提供的有关事实,经查证后认定该行政行为并非无效行政行为,原告要想继续进行诉讼,必须将确认无效诉讼转换为其他诉讼。在德国,确认无效诉讼不受诉讼时效的限制,因为任何一个无效的行政行为,是不可能随着时间的流逝而变为有效的。另外,无效行政行为只有被法院正式公布无效,才被视为是无效的,其余任何人没有权利和资格宣布其无效。

在日本《行政事件诉讼法》明确规定确认无效诉讼属于抗告诉讼之前,实践中,对于确认无效诉讼,是隶属于当事人诉讼,还是隶属于抗告诉讼存在不小的分歧和争议。一般认为,可以以抗告诉讼的形式提起无效确认诉讼,并因此也必须遵守抗告诉讼的起诉期限。随着法律出台,将确认无效诉讼明确归属于抗告诉讼,上述争议也就不复存在了,但稍显遗憾的是,关于无效确认诉讼的诉讼程序,日本《行政事件诉讼法》并没有作出完全的规定,而仅仅对确认无效诉讼的起诉资格进行了限制。

此外,日本的确认无效诉讼具有预防性诉讼和补充性诉讼的性质。其具有预防性诉讼的性质之突出表现是:若先行行为之后跟随有后续行政行为，且此后续的行政行为以该先行行为的有效性为前提条件，那么对先行行政行为确认无效的诉讼就对后续的行政行为有预防性的作用。其补充性体现在其不具有如同撤销诉讼那样的排他性，当原告可以提起撤销诉讼等诉讼类型时，则应优先提起撤销诉讼等，只有撤销等诉讼无法提起或不能提起时，才能提起无效确认诉讼，以为当事人提供救济。

日本的确认无效诉讼包括典型的确认行政行为无效的诉讼、有效确认诉讼、失效确认诉讼、不存在确认诉讼、存在确认诉讼等种类。之所以有上述种类的划分，原因在于，行政行为是否成立与行政行为是否有效是两个完全不同的概念，而且二者存在先后顺序之分。行政行为成立之后才会谈及行政行为是否有效的问题，即行政行为成立是行政行为生效的前提。当然也有人认为这种区分并无实质意义。关于无效等确认诉讼和撤销诉讼的关系，一般认为只要在诉讼期间内，均需要提起撤销诉讼，而且关于无效行政行为的撤销诉讼，只要具备撤销诉讼所应该具备的诉讼要件即可，无论原告提起诉讼的原因是相关行政行为无效还是相关行政行为需要撤销。在诉讼期限内，对于原告提起的确认无效诉讼，法院一般按照撤销诉讼进行审理。如果在诉讼期，原告提起无效确认诉讼，事实上该行政行为仅仅符合撤销小的诉讼要件，那么法院将默认无效确认诉讼中包含了撤销诉讼,按照撤销诉讼进行审理。

在日本,关于行政行为无效的标准是瑕疵的重大且明白,而且这也是无效行政行为与可撤销行政行为的重要界限和区分点。所谓行政行为瑕疵的重大且明白,其中的"重大"是指违反重要的法规,"明白"是指行政行为的瑕疵存在是明确的、具体的、外观可见的。由于无效等确认诉讼不受起诉期限和审查请求前置的限制,使法律和社会状态处于持续不稳定的形态之中,因此,日本的无效等确认诉讼在原告的资格上是有约束的。日本行政事件诉讼法规定行政无效等确认诉讼的条件为:可能因处分或继续裁决的处分受到损害的人,或者其他对请求该处分或裁决无效等具有法律上利害关系的人,且上述两种人依据其他类型的诉讼不能达到权利保护之目的。

确认无效判决该如何定位,上述国家给出两种模式可供参考,我国的行政确认无效判决究竟该何去何从?还要根据我们国家立法和司法的具体情况而定。

三、研究思路及方法

(一)研究思路

确认判决作为一种行政诉讼判决的类型,其存在有着重要的意义。但行政诉讼确认判决的理论研究存在不足，也因此导致实践中确认判决的适用存在种种问题。因此笔者在本书中，试图回答并解决以下几个问题：第一，行政诉讼确认判决是什么？包含哪些内容？第二，行政诉讼确认判决应当是什么？其存在的理论基础为何？第三，行政诉讼确认判决的定位如何？其适用规则和条件分别是什么？我国行政诉讼确认判决存在哪些问题？如何完善？围绕这几个基本问题，本书的研究思路如下：

确认判决是什么——确认判决应当是什么——确认判决的地位如何——我国行政诉讼确认判决存在的问题——我国行政诉讼确认判决的完善。

首先，从行政诉讼确认判决的概念入手，分析并借鉴几种学说，对现有行政诉讼确认判决的概念进行重新界定，认为行政诉讼确认判决，是指法院依法对行政行为或行政法律关系进行审查，并依据原告的诉讼请求，对被诉的行政行为作出的确认违法或确认无效的判决或者对行政法律关系存在与否作出确认的判决。由此确认判决的对象包括行政事实行为、行政法律行为以及行政法律关系。在此新概念之下，行政诉讼确认判决包括确认法律关系的判决、确认违法判决和确认无效判决三种类型。如此定义和分类行政诉讼的确认判决，其理论依据是确认利益理论、权利无漏洞保护理论，以及司法最终解决原则。

其次,关于行政诉讼确认判决的定位问题。传统上,行政诉讼确认判决被定位为补充性与备位性的判决,探究域外的相关规定以及我国行政诉讼确认判决与其他类型判决之间的关系可以发现,在行政诉讼判决体系中,并非所有的确认判决类型都处于补充性与备位性的地位。在确认法律关系的判决中确认现在或过去的法律关系之判决是处于补充性的地位,而对将来的法律关系进行确认的判决,是处于专属性地位的独立判决,并不是处于补充性地位的判决。确认违法判决中,确认行政事实行为违法的判决是一种处于专属性地位的独立判决,其余情形的确认违法判决处于补充性、备位性地位。确认无效判决中,当超出法律规定的一般起诉期时,法院对被诉行政行为审查后仍然徘徊于无效和可撤销时,只能作出驳回诉讼请求的判决。只有能明确断定被诉行政行为无效时,确认无效判决方能适用。而且此时确认无效判决也是原告在超出一般的起诉期限后提起诉讼时唯一可以适用的支持其诉求的判决方式。

再次,当前我国行政诉讼确认判决无论在相关的法律规定方面,还是在具体的司法实践方面均存在相应的问题。在法律规定方面,我国仅仅有确认行政协议有效与否这一确认法律关系的判决,确认法律关系的判决所涵盖的范围较为狭窄;相关法律概念缺少解释或识别标准,例如缺少对"不具有可撤销内容"、"拖延履行",以及"公共利益"、"重大损害"中的"重大"的判断或识别标准,对"国家利益、公共利益"与原告的"个人利益"之权衡等没有作出规定或解释;行政机关承担赔偿责任或采取补救措施规定之模糊。由于确认判决的立法和相关司法解释存在问题,导致我国行政诉讼确认判决在实践适用中同样存在问题,例如,行政法律关系和行政事实行为能否成为确认判决的对象?什么情况符合不具有可撤销的内容?撤销判决与确认违法判决的适用顺位如何?确认违法判决是否需要有确认利益的要件要求?等等。

最后,针对我国行政诉讼确认判决立法和实践中存在的问题,提出我国行政诉讼确认判决制度的完善建议。其一,建立完整意义上的确认法律关系判决;其二,对确认违法判决的规定进行完善,如行政事实行为违法,且对原告权利造成损害的,作出确认违法判决;其三,对确认无效判决的相关规定提出界定或识别标准,对"公共利益""重大且明显""程序轻微违法"等模糊或不确定的法律概念找出识别或衡量标准,对确认无效判决与确认无效诉讼的具体适用条件进行探索和完善,对我国行政诉讼确认判决相关补救和赔偿措施的完善提出建议。

（二）研究方法

任何学科都有着多元的研究方法，所以在论述本书内容的过程中，需要综合运用文献分析法、比较研究法、案例分析法、规范分析法。

1. 文献分析法

无论是本书的开篇阶段，抑或研究阶段，都离不开广泛的资料搜集。从搜集的文献中筛选重要文献，从而获取关键信息，是开展研究的基础。查阅我国和域外关于确认判决法律法规以及学者关于确认判决和确认诉讼的论文与译著，在对域外文献进行比较分析的基础上，对其关于确认判决或确认诉讼的优秀理念进行借鉴、辩证吸收，以此来完善我国的相关制度。国内的文献主要包括自2000年以来的与确认违法、确认无效等相关的论文、著作，通过对其进行分析和研判，试图站在前人的肩膀上更进一步进行研究。

2. 比较研究法

对于我国"行政诉讼确认判决"的概念类型、体系定位等，需要运用比较的视野，一方面，梳理我国行政诉讼确认判决形成、发展的历史脉络，分析其在我国的法律规定中的进程，研究我国"行政诉讼确认判决"未形成完整意义上的确认法律关系判决的原因，以及在确认违法判决和确认无效判决中存在问题的制度因由。另一方面，以国际视野比较中西行政诉讼确认判决的区别，从而更好地建构中国行政诉讼确认判决制度和体系。

3. 案例分析法

确认判决是我国行政诉讼判决体系中的一个判决类型，在对确认判决进行研究的过程中须用到相关的案例，以此来论证和说明我国行政诉讼确认判决在司法实践中的适用状况，通过对实践案例的梳理和分析来检视我国行政诉讼确认判决相关立法规定存在的问题，并从案例判决存在的病灶出发，分析行政诉讼判决制度存在问题的原因，并试图找出完善对策。

4. 规范分析法

从我国当前行政诉讼确认判决相关规定和司法实践存在的根本问题出发，剖析行政诉讼确认判决的现状以及存在的问题，运用规范分析法探讨存在问题的根源，这为本书的第五章制度的完善打下基础。具体来说，运用规范分析法，主要对我国现行的《行政诉讼法》及相关的司法解释关于确认判决的相关规定进行分析解说。对"国家利益""社会公共利益""重大损害""程序轻微违法""不产生实际影响""重大且明显""不具有行政主体资格""没有依据"等概念进行了规范分析，根据立法及司法解释的相关规定，试图找出它们的识别标准或认定依据,从而用于论证相关立法规定是否合理。

四、可能存在的创新

判决是纠纷和争议解决的“出口”,且其具有最终的权威性,行政诉讼判决亦是如此。确认判决作为行政诉讼三大判决类型之一,它一方面发挥着普遍意义的确认功能,另一方面又具有较高层次的纠纷解决功能,只是后者多为我国理论界和实务界所忽视。行政诉讼确认判决不仅在理论方面供给不足,而且在立法中,法条之间也存在界限模糊以及重叠交叉等问题,从而导致其在实践中的适用较为混乱。为解决上述问题,提出对应的解决策略,笔者认为本书有以下创新:

创新点一:建立完整意义的确认法律关系判决

通过对行政法律关系和行政诉讼判决的分析与研究,认为行政法律关系可以成为确认判决的对象。确认行政协议合法与否、有效与否的判决隶属于行政判决之中的确认判决,该确认判决就是对协议双方当事人权利义务行政法律关系的确认,虽然该类型的判决间接地对行政行为的合法性作出判断,但前者乃为重点与核心,由此得出行政法律关系可以成为确认判决的对象。但这只是确认行政法律关系判决的一个雏形，完整意义的确认法律关系的判决还包括对公务员地位的确认、对将来法律关系的确认等，故主张建立更广泛意义上的行政诉讼确认法律关系的判决，为其设置相应的适用规则，并根据行政法律关系的现实存在性，将确认法律关系的判决区分为确认现在或过去法律关系的判决和预防性确认判决（确认将来法律关系的判决），以为公民权利提供更为完整的救济。

创新点二：行政诉讼确认判决有补充性与专属性之分

传统的观点认为行政诉讼确认判决处于补充性（又称备位性）地位，[①]仔细究察发现此定位有失允当。预防性确认判决、[②]确认行政事实行为违法判决、确认无效判决并非处于补充性、备位性地位的判决，而是处于专属性[③]地位的确认判决。由此，笔者认为应准确定位行政诉讼确认判决，并区分其在行政案件中的适用要件，以更好地发挥其作用。上述三种形式的确认判决具有专属性，在适用上隶属于第一顺位的判决，在具体的案件中直接适用而无须考虑其他判决类型适

① 需要说明的是，传统上将确认判决定位为补充性地位的判决时，是将确认无效判决排除其外。因此，在本书第三章需要纠偏的是预防性确认判决、确认行政事实行为违法判决这两种情形。

② 此处仅指确认将来行政法律关系存在与否的判决。

③ 判决的专属性是指在判决的适用上无选择的余地，根据案件的具体情况，某判决类型是唯一的，不存在判决之间选择适用的衡量过程。

合与否；其余形式的行政确认判决处于补充性、备位性的地位，其在适用上属于第二顺位的判决，在具体的案件中，只有撤销判决、给付判决等判决类型无法适用时方才适用。本书纠正传统上关于行政诉讼确认判决的定位，并对其进行第一顺位与第二顺位的区分，主要目的在于厘清理论上一刀切地将行政诉讼确认判决定位为补充地位的判决，减少实践中对行政诉讼确认判决的误用，以期更好地发挥确认判决的作用。

创新点三：舍弃“不具有可撤销内容”之规定，对行政诉讼确认违法判决的具体适用情形进行区分与细化

我国 2017 年《行政诉讼法》第 74 条第 2 款第 1 项规定，在“行政行为违法，但不具有可撤销内容”之情形下，作出确认违法判决。“不具有可撤销内容”之规定可谓模糊而不具体。从司法实践的案例和相关的研究中发现，“不具有可撤销内容”所对应的行政行为多指代行政事实行为。事实上，“不具有可撤销内容”还有两种情况：第一种是具体行政行为违法，并已被执行完毕，且无法恢复原状[①]之情形，应属于“不具有可撤销内容”。第二种是行政行为违法并且已被执行完毕，若恢

① 恢复原状包括法律上的恢复原状和事实上的恢复原状，此处的无法恢复原状是指法律上和事实上均无法恢复原状。

复原状将要付出不成比例的(恢复原状的代价要远远超过事物本身的价值)代价,视为不具有可撤销内容。由于“不具有可撤销内容”没有衡量标准且指向不明,所以笔者认为应舍弃“不具有可撤销内容”之规定,并宜将行政事实行为违法和行政行为违法并已被执行完毕且无法恢复原状、行政行为违法并已经被执行完毕且恢复原状将要付出不成比例的代价的情形适用确认违法判决并进行单独的规定。即行政事实行为违法且对原告权利造成损害的,作出确认违法判决;行政行为违法并已执行完毕且无法恢复原状的,应作出确认违法判决;行政行为违法并已经执行完毕且恢复原状将要付出不成比例的代价,应作出确认违法判决。

创新点四:将行政机关“不履行”法定职责到“履行”法定职责看作一个总过程,并整体评价为“拖延履行法定职责”,属于违反行政程序的行政行为。行政机关“不履行职责”到“履行职责”的过程与行政机关“拖延履行法定职责”的行为过程完全重合,宜对其作出整体评价,即为“拖延履行法定职责”。将行政机关的行政行为评价为“拖延履行法定职责”的前提是,行政机关已经履行了法定的职责,只不过是一种迟到的履行、超期的履行,其属于程序违法行为,所以对应的判决形式为程序轻微违法的确认违法判决或违反法定程序的撤销判决。所以2017年《行政诉讼法》第74条第2款第3项宜修改为“行政机关不履行法定职责,判决履行没有意义的,作出确认违法判决”。既然将行政机关“不履行”到“履行”的过程当作一个整体来看待,且评价为“拖延履行法定职责”,并适用程序轻微违法的确认违法判决或违反法定程序的撤销判决,那么对2017年《行政诉讼法》第74条第2款第2项中行政机关“改变原违法行政行为”中的“行政行为”作限缩解释为宜。即仅包括行政机关对作为行为的改变,仅涵盖行政机关撤销或变更原违法作为行为,而不包括行政机关从不作为到作为的改变,以此方能解决第74条相关表述之间的界限模糊不清和重叠等问题。

第一章　行政诉讼确认判决的概念及类型

第一节　行政诉讼确认判决的概念

概念是研究的起点，若不对其进行廓清，恐怕很难进行深入的研究。对一个法律问题，倘若对其内涵和外延都无法说清楚，那么再对其进行怎样的论证，也将为无根基的“空中楼阁”，很难立得住脚。但值得注意的是，关于行政诉讼确认判决的概念，至今并没有一个统一的、一致的观点，所以在对行政诉讼确认判决开展研究之前，首先要对行政诉讼确认判决的基本内涵予以厘清和阐释。因此本书第一章主要解决的问题是，梳理当前关于行政诉讼确认判决的相关概念、定义及各种学说，呈现当前我国行政诉讼确认判决概念的所有样貌和形态，在此基础上，通过理论探讨、学术比较和域外研究，得出行政诉讼确认判决应当是什么？

一、行政诉讼确认判决的相关学说

国内学者对行政诉讼确认判决概念和定义，并没有形成统一的观点和认识。我国法律和相关的司法解释也没有对此作出相应的阐释和说明。即便如此，也不乏一些有代表性的观点，值得我们思考并借鉴。

（一）法律关系说

法律关系说认为“行政诉讼之确认判决，是人民法院通过对具体行政行为的审查，确认行政相对人与行政机关之间是否存在某种行政法律关系的判决”①。该说认为行政诉讼确认判决的对象仅仅为行政法律关系，此观点完全参照与移植民事诉讼确认判决的规定，行政诉讼确认判决的定义是直接从民事诉讼的确认判决中照搬的，在当时看来其具有进步意义，对行政诉讼确认判决在我国被提出和被认可具有无可替代的

① 罗豪才主编：《中国司法审查制度》，北京大学出版社1993年版，第561页。

作用。然而现今看来,将行政诉讼确认判决的对象等同于民事诉讼确认判决对象的观点,实质上是没有认识到行政诉讼与民事诉讼的不同,略显不科学。

(二)具体行政行为说

具体行政行为说认为,行政诉讼确认判决就是确认具体行政行为合法与否的判决。张旭勇教授的观点具有代表性,他认为"所谓行政诉讼确认判决,系指人民法院在原告针对具体行政行为本身,无法获得其他更有效的救济手段的前提下,以原告明确的诉讼请求或以不违背原告意愿为条件,通过对具体行政行为的合法性审查,以合法性审查的结果为基础对具体行政行为作出相应的确认无效、违法或合法的一种独立判决"①。该观点从确认判决的对象、确认判决的方式以及确认判决的定位等方面,赋予行政诉讼确认判决一个全新的定义,认为行政诉讼确认判决的对象仅为具体行政行为;并认为确认判决在行政诉讼整个判决体系中处于补充性的地位,只有在其他判决不能为原告权利提供更为有效救济的情况下,

---

① 张旭勇:《行政诉讼确认判决研究》,载章剑生主编:《行政诉讼判决研究》,浙江大学出版社2010年版,第115页。同样认为确认判决的对象仅为行政行为的还有郑广福,参见郑广福:《行政审判中的确认判决及相关法律问题》,载《人民司法》2000年第9期;蔡小雪:《行政确认判决的适用》,载《人民司法》2001年第11期。

方能适用确认判决。该观点关于行政诉讼确认判决的定义可谓全面、明确且具体,但是仍然存在一些问题需要思考,如行政诉讼确认判决为何只能包含对具体行政行为的确认?对行政法律关系以及行政事实行为、抽象行政行为能否确认?另外,行政诉讼确认判决为何在其他判决不能更有效地救济原告权利时才能提起?确认判决处于补充性、备位性地位的原因是什么?如何判断作出确认判决不违背原告的诉讼意愿?这些问题都有待说明和论证。

(三)行政行为说(具体行政行为和行政事实行为)

行政行为说认为"确认判决是对被诉行政行为是否合法的判定,且确认判决往往是其他判决的先决条件。其内容包括确认行政事实行为违法、确认行政行为无效或依法不成立、确认行政行为违法三种情况"[①]。该说认为行政诉讼确认判决的对象包括行政法律行为和行政事实行为,不涉及对行政法律关系的确认。[②] 对于行政事实行为的判决为确认行政事实行为违法,对于行政行为的判决为确认行政行为无效、确认行政行为不

① 姜明安主编:《行政法与行政诉讼法》,北京大学出版社、高等教育出版社2011年版,第78页。

② 持同样观点的还有梁凤云法官。参见梁凤云编著:《新行政诉讼法逐条注释》,中国法制出版社2017年版,第597~599页。

成立、确认行政行为违法。该观点具有重要的进步意义,但存在一个问题,此观点事实上将行政法律关系排除在行政诉讼确认判决之外,并且认为不成立的行政行为也可以成为确认判决的对象。

(四)行政行为和行政法律关系说

1. 具体行政行为和行政法律关系说

"确认判决可以适用于两种情况。其一是,原告依然要求对已经被撤回或以其他的方式处理的具体行政行为的合法与否进行确定;其二是,确认判决可以适用于确认某种法律关系存在与否"①。该说具有一定的进步性,把行政诉讼确认判决的对象进一步扩展到行政法律关系,具有一定的前瞻性。但是该观点未提及行政事实行为能否作为确认判决的对象,且将行政诉讼确认判决的方式,仅仅局限于确认违法判决和确认法律关系存在与否的判决两种形式,显然存在不延展之处。因为,此时相应的司法解释已经明确,将确认行政行为无效作为行政诉讼确认判决的一个亚类型入法。

---

① 马怀德主编:《行政诉讼原理》(第 2 版),法律出版社 2009 年版,第 400 页。持有此观点的还有孔繁华、苏烨,他们认为行政诉讼确认判决不仅包括人民法院通过对具体行政行为的审查,确认相应行为合法或违法,还可以涵盖确认某种法律事实或法律关系是否存在。参见孔繁华、苏烨:《行政确认判决的内容与适用》,载《律师世界》2000 年第 5 期。

2. 行政行为和行政法律关系说

行政行为和行政法律关系说认为，“行政诉讼确认判决是确认某种行政法律事实或行政法律关系存在与否的判决，其适用情形包括行政法律行为、与行政法律行为相关的行政事实行为、行政权属关系（森林、矿藏等的归属问题）以及其他行政法律事实的确认（交通事故责任的重新确认、医疗事故的确认）等四个方面”①。该观点对行政诉讼确认判决对象概括得可谓丰富而全面，认为行政诉讼确认判决不仅涵盖对行政法律行为的确认，还包括对行政事实行为的确认以及对行政法律关系的确认。但是该观点有其自相矛盾之处，如其总体观点认为，行政诉讼确认判决就是对行政法律事实和行政法律关系存在与否的判决，即确认判决的对象为行政法律事实和行政法律关系，但是在其适用情形中认为，行政诉讼确认判决将行政法律行为、行政事实行为、行政法律关系都涵盖其中，可谓不太严谨。

随着相关立法以及司法实践的发展，通过对以上学说的梳理和规整，并不断借鉴和学习新理论，笔者产生如下疑问：行政法律关系能否成为行政诉讼确认判决的对象？行政事实行为能否成为行政诉讼确认判决的对象？

---

① 王克稳：《行政诉讼应增加确认判决》，载《政治与法律》1999 年第 6 期。

二、行政诉讼确认判决概念的重新界定

概念之上往往附加了诸多想象，任何命题的研究皆是以界定其研究对象为开端的，对行政诉讼确认判决的研究亦是如此。所以作为本书研究对象的行政诉讼“确认判决”，必须对其概念进行界定，进而得出清晰明确的结论。由前文我国学者关于行政诉讼确认判决的界定可知，究竟什么是确认判决？确认判决的对象包含什么？并没有一个通说，即存在“公说公有理、婆说婆有理”的纷争。域外各个国家对行政诉讼确认判决的规定也是各不相同。但是通过对国内学说的梳理和域外确认判决的考察可知，关于行政诉讼确认判决概念的界定，主要是在确认判决的对象方面存在争论。行政处分即具体的行政行为，可以作为行政诉讼确认判决的对象并无异议，主要的争端和议论在于行政法律关系和行政事实行为能否成为确认判决的对象。至于行政诉讼确认判决的分类，则是行政诉讼确认判决概念之下的分支问题，不在本章的研究之列。

那么行政法律关系和行政事实行为究竟是否可以归属于行政诉讼确认判决的对象呢？对此将一一论证。

(一)行政法律关系——可以作为行政诉讼确认判决的对象

1. 行政法律关系的含义

通常认为行政法律关系即为行政法所确认和调整的法律关系。[①] 对行政法律关系的界定存在几种学说,分别为最狭义行政法律关系说、较为狭义行政法律关系说、狭义行政法律关系说、广义行政法律关系说、最广义行政法律关系说等五种学说,从语义解释的角度来看,上述五种学说涵盖的行政关系的内容依次变得宽广。其中最狭义行政法律关系说认为"所谓行政法律关系,乃是指行政机关在履行其国家职能的行政活动之中,同其被管理者之间发生的各种关系之总称"。该学说认为行政法律关系仅仅包含行政机关在履行国家职责以及外部的管理活动中,与被管理者发生的各种关系,但不包括行政机关内部的管理关系。较为狭义行政法律关系说认为,行政法律关系是受相关的行政法律调整的,并且已经法律化的行政关系。它包含两层含义:其一,在行使行政职责的过程中,行政机关与其内部组织以及工作人员之间管理与被管理的关系;其二,行政机关与其他外部组织以及公民之间管理与被管

① 所谓法律关系是指主体之间的法律上的权利与义务关系。参见孙国华、朱景文主编:《法理学》,中国人民大学出版社2010年版,第315页。

理的关系，也即较为狭义行政法律关系说认为，行政法律关系包含外部管理关系和内部的组织关系。狭义行政法律关系说认为，行政法律关系是因行政权力的实施而发生的，受行政法规范所调整和约束的，行政主体之间、行政主体与行政人员之间、行政主体与行政相对人之间的权利与义务关系。① 与较为狭义行政法律关系说相比，该观点扩大了内部行政关系的范围，即行政主体之间的行政法律关系被纳入行政法律关系的体系之中，且该观点目前为止被大多数教科书和著作所采用，成为通说。广义行政法律关系说内容涵盖更进一步，该观点认为行政法律关系主要包括外部行政法律关系（具体包括行政管理关系、法制监督关系、救济关系）和内部行政法律关系，该说将外部的行政关系扩充至包含行政法制监督关系、行政救济关系。最广义行政法律关系说内容涵盖面最为广泛，包括行政法对实现行政职能过程中产生的多种社会关系加以调整所形成的行政主体之间、行政主体与其他各方之间的权利义务关系之总和。②

以上关于行政法律关系的学说和观点，反映了人们对行

① 参见王成栋：《行政法律关系基本理论问题研究》，载《政法论坛》2001 年第 6 期。

② 参见杨海坤、章志远：《行政法律关系基本理论问题探析》，载《河南省政法管理干部学院学报》2004 年第 1 期。

政法律关系的认识过程，具有一定的进步意义，不足之处也较为明显。首先，仅仅从职权主义的角度去界定行政法律关系是不尽全面和有失严谨的；其次，行政法律关系的内容并非涵盖面越窄越好，也非越广越优，所以对行政法律关系内涵的界定要“不忘初心”，即应该回到事物本来的面目去认识事物。既然是行政法律关系，它只能反映行政法这一部门法的法律关系。既然是行政法律关系，它必定要和行政机关的职权息息相关，并与之有着千丝万缕的联系。所以，笔者认为行政法律关系乃为行政机关在实现国家行政职能的过程中，因行政职权的配置与行使以及监督等，所形成的法律关系。其内容包含：国家与行政机关之间、行政机关相互之间、行政机关与工作人员之间、行政机关与行政相对人之间所形成的权利义务关系。从该含义可以看得出，在行政法律关系中必定有一方为行政机关。

2. 行政法律关系种类

行政法律关系是一种动态的、复杂的模式，该关系涵盖行政权力配置关系、行政职权行使关系、公产管理关系和监督行政法律关系等四个子集。[①] 行政权力配置关系包括两个方

① 参见王成栋：《行政法律关系基本理论问题研究》，载《政法论坛》2001 年第 6 期。

面：一是发生在行政机关与权力机关之间、行政机关与行政机关之间的配事权与接受事权的关系；二是行政机关与其内设机构、行政机关与派出机构、行政机关与公务人员之间存在的行政职责范围内的权力配置关系。公产管理关系是指在对行政公产的使用与管理以及监督的过程之中，公产的产权所有者与对公产进行管理的管理者之间、公产的所有者与公产的使用者之间、公产的管理者与公产的使用者之间所形成的各种行政法律关系。监督行政法律关系包括两个方面：一是国家机关对行政机关的监督，属于国家层面的监督，是主要的监督形式；二是公民、法人或其他组织对行政机关的监督，后者对行政机关的监督既可以以公民的身份，也可以以相对人的身份，其中以公民的身份进行监督，是“为他”性质的行政法律关系的监督，而以相对人的身份进行监督，是“为己”性质的监督，形成行政救济的法律关系。

为了促使行政机关更好地实施行政管理，为其配置了行政职权，行政机关在职权行使的过程中形成了职权行使关系。职权行使关系包括两部分内容，其一，行政机关与内设或派出机构、行政机关与公务员之间的行政职权行使关系，即内部法律关系。内部法律关系依其内容又可以划分为基本关系[1]和管理关系。[2] 其二，行政主体在行使职权的过程中，行政主体与行政相对人之间发生的行政法律关系，即外部行政法律关系。[3] 行政法律关系的复杂性和多样性显而易见，鉴于本书的研究议题为行政诉讼确认判决，而非行政法律关系，所以本书重点论述的是已受行政诉讼法调整的行政法律关系——行政职权行使关系和应该受行政诉讼法调整的行政机关与公务员之间的管理关系中的内部法律关系。

3. 域外确认法律关系之诉与确认法律关系的判决

域外并没有对行政诉讼确认判决进行类型区分而建立行政诉讼判决体系，而是对行政诉讼类型进行划分，建立了行政诉讼的体系，即对行政纠纷解决的“入口”进行分门别类。殊途同归，对域外国家行政诉讼确认判决所对应的行政诉讼类

---

① 基本关系中主要直接涉及公务员具体的法律地位（如对公务员的奖惩、任免、开除、降职等处分）的行政法律关系应具有可诉性。

② 管理关系是为了维护组织的正常运转而实施的不涉及公务员具体权益的管理，因而其不具有可诉性。

③ 所谓外部行政法律关系是指，行政机关以行政主体身份与行政相对人之间发生的行政法律关系，行政主体与作为行政相对人的公民、法人和其他组织之间的关系，是最常见的外部行政法律关系。参见杨海坤、蔡翔：《行政行为概念的考证分析和重新建构》，载《山东大学学报（哲学社会科学版）》2013 年第 1 期。外部行政法律关系的内容相当丰富，包括管理关系、服务关系、合作关系、指导关系和补救关系等。其中合作关系是近些年新兴起的外部行政法律关系，在此关系中，双方的权利义务趋于对等，且多以行政合同和行政协议的方式出现。参见罗豪才、方世荣：《论发展变化中的中国行政法律关系》，载《法学评论》1998 年第 4 期。

型进行研究，同样具有借鉴意义。

德国《行政法院法》第43条第1款第1种情形和该法的第173条分别规定的是一般确认之诉和中间确认之诉。其中，一般确认之诉是指确认某种法律关系存在与否，对应的判决形式为确认某种法律关系存在的判决、确认法律关系不存在的判决以及驳回诉讼请求的判决。如果原告诉请确认的法律关系存在，则为积极的确认之诉，若法院支持原告的诉求，所对应的判决则为确认法律关系存在的判决；若不支持原告的诉求，所对应的判决则为驳回诉讼请求的判决。如果原告诉请确认的法律关系不存在，则为消极的确认之诉，若法院支持原告的诉求，则作出确认法律关系不存在的判决；若不支持原告的诉求，则作出驳回诉讼请求的判决。① 不仅如此，在行政机关虽然还没有作出某种行政行为，但相对人的权利已经明显受到侵害或影响，且这种影响是现实的，此时相对人可以提起确认之诉，较之于采取其他种类的诉讼，此时的确认之诉更有利于对原告权利的保护。

德国确认法律关系之诉适用确认法律关系判决有两种情形（见图1.1）：

---

① 参见［德］弗里德赫尔穆·胡芬：《行政诉讼法》，莫光华译，法律出版社2003年版，第312～321页。

- 一般确认之诉
  - 积极的确认之诉
    - 支持原告的诉求→确认法律关系存在的判决
    - 不支持原告的诉求→驳回诉讼请求的判决
  - 消极的确认之诉
    - 支持原告的诉求→确认法律关系不存在的判决
    - 不支持原告的诉求→驳回诉讼请求的判决

图 1.1　德国确认法律关系之诉适用法律关系判决的两种情形

德国《行政法院法》第 173 条结合《民事诉讼法》第 256 条第 2 款规定了中间确认之诉,①中间确认之诉仍然是对诉讼中,与本案有关的公法上的法律关系的争讼,依然是对法律关系存在与否的一种确认,只是这种确认之诉出现在他诉的过程之中,但其本质仍然是一种法律关系确认之诉,故其所对应的判决类型仍与一般确认之诉相同,即为确认法律关系存在与否的判决或驳回诉讼请求的判决。

日本的确认法律关系的诉讼和判决是在 2004 年《行政事件诉讼法》修改之后逐步得到发展的。随着日本行政活动日趋复杂和多样,以撤销诉讼为中心的诉讼形式难免有“力不从心”之时,鉴于此,活用确认诉讼来提高国民权利救济的实效性不失为一计良策。为防止行政作为行为给相对人带来的不

---

① 中间确认之诉旨在确定一个在诉讼过程中成为争执对象的法律关系。值得注意的是这个有争执的法律关系必须属于公法的范畴,并超出了该案,且此关系对于该案的裁判具有至关重要的作用。参见[德]弗里德赫尔穆·胡芬:《行政诉讼法》,莫光华译,法律出版社 2003 年版,第 338 页。

利后果，在一定条件下，相对人可以提起实质当事人诉讼，请求法院确认其与行政机关之间的权利与义务关系，即公法上的法律关系。[①] 所以行政诉讼确认法律关系判决的对象就是公法上的法律关系。行政诉讼确认法律关系的判决旨在澄清原被告之间的公法上的法律关系存在与否。[②] 在日本，具有公务身份的公务员可以以其权利受到侵害为由，提起实质当事人诉讼。

英国的行政判决与其令状[③]制度相关联。其中宣告令以宣告的方式来确认原被告双方之间的权利义务关系，以及确认双方当事人之间的法律地位。作为公法救济的宣告令，其作用就是以确认当事人之间权利义务的方式来防止行政机关作出侵权行为。在英国，宣告令适用的情形有二：其一，针对政府的诉讼适用宣告令，此宣告令来源于英王监督权的行使，既然宣告令的效力来自英王的监督权，则此宣告令即宣告判决并不能对英王行使。它是在政府未颁布禁止令和强制令时的一种替代措施，是用于解决政府机构之间的行政争议较为

---

① 日本《行政事件诉讼法》第 4 条规定：“关于公法上法律关系的确认之诉，以及其他关于公法上法律关系的诉讼。”

② 参见江利红：《日本行政诉讼法》，知识产权出版社 2008 年版，第 599 ~ 604 页。

③ 需要说明的是，令状不仅可以适用于普通法上对个人权利的救济，也可以适用于特别法上的救济，来维护公法上之秩序。宣告令仅针对公法上的救济，即属于特别法上的救济。

妥帖的方式。其二,通过宣告令来澄清法律中的疑难杂症问题,具有预防性的功能,防止公民的权利受不法侵害,此处的公民包括公职人员在内。

美国的相关法律规定,联邦任何法院可以根据利害关系人的申请,确认其权利或法律关系是否合法存在,不问是否需要进一步采取其他救济手段。法院作出确认判决之时,须审查行政决定之合法性。这意味着美国之行政确认判决包括确认法律关系判决与确认违法判决,且审查行政机关决定的合法性是法院作出确认判决的必经程序。美国确认判决的对象为行政机关的具体行政行为和行政法律关系。

4. 平权型行政法律关系可以成为确认判决的对象

(1)行政法律关系可以成为判决的对象已有先例

具体行政行为是行政诉讼判决的对象已经无可争议,行政法律关系能否成为行政诉讼判决的对象乃是一个常争论不止的话题。其实在我国,不仅行政诉讼制度中早已规定法律关系可以成为行政诉讼判决的对象,而且在实践中也已经出现了关于行政法律关系的判决。1989 年《行政诉讼法》第 54 条第 3 项规定的"被告不履行或者拖延履行法定职责的,判决其在一定期限内履行"是"程序性的履行",之所以这样说,其理由源于 2000 年《行政诉讼执行解释》对其的规定。2000 年《行政诉讼执行解释》第 60 条第 2 款规定:"人民法院判决被告履行法定职责,应当制定履行期限,因情况特殊,难以确定期限的除外。”同时该解释的第57条规定:“被告不履行法定职责,但判决其履行法定职责已无实际意义的,人民法院作出确认违法或无效的判决。”这两条是关于履行判决的解释,但并没有明确指出在判决作出之后行政机关该作出哪些行动,也没有明确的履行内容,因此,一定期限内履行的判决被认为是“程序性履行判决”。[①] 但是实践的发展创制了“实体履行判决”,如法院判决工商局一定期限内为某饭店颁发许可证,判决某房管局7日内为某某办理房屋所有权证,由此“实体履行判决”被认可和接受。上述列举的法院判例中,皆是确定了原被告之间的实体权利义务关系的判决,可以说是法院代替行政机关作出确定原被告之间权利义务关系的履行判决。不仅如此,“实体履行判决”在2014年《行政诉讼法》中也得到了彰显,该法第73条规定“人民法院经过审理,查明被告依法负有给付义务的,判决被告履行给付义务”,该关于履行给付义务的判决直接以行政实体法律关系为对象,满足了当事人一次性彻底解决纠纷的需要。[②]

---

① 法院审理行政案件是对行政行为的合法性审查,而不是替行政机关作出决定,从这个角度来看,纯粹程序性履行判决似乎更接近当时立法的本意。参见章剑生:《行政诉讼履行法定职责判决论——基于〈行政诉讼法〉第54条第3项规定之展开》,载《中国法学》2011年第1期。

② 参见张旭勇:《行政诉讼判决原论》,法律出版社2017年版,第78页。

此外，1989 年《行政诉讼法》第 54 条第 4 项规定："行政处罚显失公正的，可以判决变更。"由此可知当行政机关作出的行政处罚明显有违公允的话，法院对行政机关的行政行为不是撤销，而是直接对该行政处罚的数额作出变更，替代行政机关作出一个新的行政行为。即在此种情况下，行政相对人是否应该受到处罚，以及应受处罚的强度是由法院作出的判决来确定的。通过变更判决，促使原被告之间形成了一种新的法律关系，即确定了原被告之间的权利义务关系。不仅如此，2014 年《行政诉讼法》进一步扩大了变更判决的适用范围，该法第 77 条第 1 款规定"行政处罚明显不当，或其他行政行为涉及对款额的确定、认定确有错误的，人民法院可以判决变更"，变更判决的适用范围被扩大，同时更新并确定了原被告之间的权利义务关系。

综上，行政法律关系可以成为履行判决和变更判决的对象，那么行政法律关系可否成为确认判决的对象呢？

（2）平权型行政法律关系成为一种发展趋势

在行政职权行使的过程中，行政机关往往处于主动和优势地位，行政法律关系主体双方的地位并不平等。[①] 不可否认，行政机关在进行社会管理中处于优势地位的情况是客观

① 参见胡建淼：《行政法学》，法律出版社 1998 年版，第 127 页。

存在的，也是十分必要的。但这种优势地位并不是一成不变的、无条件的。随着公民法治意识的提高、民主被提及以及现代行政效率的需求，现代国家的角色逐渐朝“合作国”与“瘦身国”转向。[①] 传统不对等的行政法律关系也开始向平权型行政法律关系[②]转变。平权型行政法律关系赋予相对人与行政主体相当的权利，使相对人与行政机关从紧张的管理与被管理关系，走向沟通互动的良性关系，从对峙或对抗走向合作共赢。[③] 在此情况下，行政机关对社会的管理、秩序的规范、行政的方式等方面都发生了改变，即通过与行政相对人沟通协商、平等对话，让行政相对人参与到行政决定的过程中，减少对抗、提高行政效率的同时，也实地践行了社会主义民主的核心价值观。如此一来，这一新型行政法律关系与传统模式下的行政法律关系迥然不同，顺应此趋势，行政协议、行政合同等新的行政方式兴起。

（3）平权型行政法律关系可以成为确认判决的对象

2017年《行政诉讼法》第12条第1款第11项将行政协议纳入行政诉讼的受案范围，行政相对人可以对行政机关不履

---

① 参见詹镇荣：《民营化法与管制革新》，2005年自版发行，第272页。

② 平权型行政法律关系更加强调相对人和行政主体平等地拥有相当的权利，并进一步凸显出人的主体价值与行政过程的民主性。

③ 参见杨海坤、章志远：《中国特色政府法治论研究》，法律出版社2008年版，第321页。

行、未按照约定履行行政协议的行为提起诉讼。在2019年11月12日最高法通过的、2020年1月1日实施的《最高人民法院关于审理行政协议案件若干问题的规定》(以下简称《行协规定》)中,对行政协议的受案范围作出扩大解释,原告还可以请求法院确认行政协议有无效力。不仅如此,《行协规定》对行政协议的判决类型也作出了规定,如给付判决、履行判决、确认协议无效判决,以及针对原告提起的确认行政协议有效诉讼作出的确认有效的判决。法院认可行政协议的效力并作出确认行政协议有效的判决,此处作出的确认协议有效的判决,其判决对象是协议所确定的双方之间的权利义务关系即行政法律关系,即在行政协议中双方约定的各自权利和义务的内容。此时原告提起确认协议效力之诉的目的就是,将行政协议所约定的内容通过法院的裁判"稳定"下来,防止行政机关打着"优益权的旗号",违法变更或解除行政协议,以此来保护自己的权利免遭损害,做到防患于未然。确认行政协议有效与否的判决,首先要确认协议双方的权利义务关系存在与否,即这种确认首先应对协议中双方之间的行政法律关系进行确认,所以确认判决的判决对象自然涵盖行政法律关系。

但作为确认判决对象的行政法律关系,与前文提到的履行判决中的法律关系和变更判决中的法律关系并不相同。作为确认判决对象的法律关系，法院对其确认之目的在于，使某一事实或者该种法律关系得以澄清，并对其进行宣告。[1] 而作为履行判决和变更判决对象的法律关系，法院判决的意旨在于，当行政机关的裁量权缩减至无时，法院的判决能够彻底地、一次性地解决纠纷，对当事人的权利义务关系进行永久的固定，[2]以此来避免因作出其他类型判决而使该纷争处于循环往复、不休不止的状态，减少当事人的诉累，节约行政和司法资源。据此，尽管履行判决、给付判决和确认判决的对象都包括行政法律关系，但行政法律关系在前两者与后者的判决中所被赋予的意义却不相同。

(4)确认行政协议有效的判决仅限于两种情形

无论是2017年《行政诉讼法》还是2018年《最高人民法院关于适用〈中华人民共和国行政诉讼法〉的解释》(以下简称《行诉解释》)，并无关于确认行政协议有效判决的规定。但在2020年《行协规定》中，规定了适用确认行政协议有效的一种情形，即致使协议无效的原因在一审法庭辩论终结前消除的，人民法院可以作出确认行政协议有效的判决。也即，在一定情况下，行政协议可以从无效转化为有效。另一种确认行

---

① 参见刘哲玮：《确认之诉的限缩及其路径》，载《法学研究》2018年第1期。

② 参见贾亚强：《论行政诉讼实质性解决行政争议的实现——以争讼行政法律关系的确定为研究进路》，载《法律适用》2012年第4期。

政协议有效的判决,其适用情形为行政协议本身合法有效,原告一方要求法院对其进行确认,法院可以通过对行政协议的内容进行审查,作出确认行政协议有效的判决,但这种确认行政协议有效的判决的适用情形并非源于法律的规定,而是在实践中发展起来的。如本书第四章 A 类案例一,在原告安随兴请求法院确认与被告临朐县住房和城乡建设局签订的房屋《征收补偿(安置)协议》有效一案中,法院判决确认原告安随兴与被告临朐县住房和城乡建设局于 2018 年 11 月 21 日签订的房屋《征收补偿(安置)协议》有效。在该案中原告的初始诉求就是确认行政协议有效,而非让法院审查被告的行政行为合法与否。法院通过对行政协议内容的审查,进一步确认行政协议合法有效,从而使协议中所确定的双方之间的权利义务关系得以进一步澄清,以便行政协议得到顺利履行。此时法院的确认判决就是确认当事人之间的权利义务关系合法存在,确认有效判决的对象为行政法律关系。在此种情况下,法院作出确认行政协议有效的判决不是由确认协议无效的诉求转化而来,也并非法律规定,而是实践中发展而来的诉求,反映了实践的需求。

由以上可知,关于行政协议的效力而作出的确认有效判决,存在两种情形:一是实践中发展而来的,行政协议签订履行等所有过程都是合法的,协议中非行政机关一方当事人要求法院确认行政协议有效，法院可以作出确认行政协议有效的判决；二是通过诉求行政协议无效转化而来的，[①]若行政行为重大且明显违法导致行政协议无效，那么无论历经怎样的转变，行政行为的违法性都不可变。所以行政协议由无效转化为有效只有民事法律规范所规定的导致行政协议无效的情形，[②]在这些情形中，由于一些因素的变化可能转化为有效的行政协议。那么此时法院所作出的确认有效的判决的对象则是法律关系，即当事人之间的权利义务关系有效，以此来保障行政协议的顺利履行。[③]

（5）必要的解释——行政协议相关诉讼并非全是“关系之诉”

基于以上论述，把行政协议纳入行政诉讼的受案范围，是否会给行政判决对象带来全新的变化和冲击？之所以提出这个问题，主要是因为有学者明确提出行政协议诉讼是“关系之诉”，即行政协议诉讼中，原被告之间争议的和法院裁判的对象是行政法上的权利义务关系。杨小军教授曾建议：对行政

---

① 2020年《行协规定》第12条第3款规定：“行政协议无效的原因在一审法庭辩论终结前消除的，人民法院可以确认该行政协议有效。”

② 根据我国《民法典》的相关规定，合同无效的情形主要包括以下几种：

无民事行为能力人签订的合同；行为人与相对人以虚假的意思表示订立的合同；违反法律、行政法规的强制性规定的；违背公序良俗的；恶意串通损害他人合法权益的；等等。

③ 参见张向东：《论行政协议合法性审查与合约性审查的关系》，载《江苏社会科学》2020年第2期。

协议应建立关系之诉。[1] 对此王天华教授非常认同，认为其对关系之诉的构想与日本公法上当事人诉讼有相似之处。[2] 所以在杨小军教授和王天华教授看来，只要是关于行政协议的判决，其判决的对象就是行政法律关系。同时，闫尔宝教授也认为"对于未纳入行政诉讼受案范围的行政契约这一双方行为，在修改行政诉讼法时，如果采取'法律关系'之诉的设计思路，则完全可以纳入行政诉讼受案范围"[3]。

笔者认为，是否将行政协议纳入行政诉讼的受案范围，对行政协议提起的诉讼究竟是否为关系之诉，还需结合个案进行具体分析。行政协议被诉的原因有三：一是针对行政机关行使行政优益权违法变更解除合同的行政行为（权力关系）而起诉；二是类似于民事合同关于协议的签订、履行过程中的权利义务关系（权利义务关系）有纠纷；三是关于行政协议的效力问题有纠纷。因第一个原因提起的诉讼就是行为之诉，对应的判决对象当然是行政行为。因第二个原因提起的诉讼理应是关系之诉，对应的判决对象显然应该是当事人之间的权

① 参见杨小军：《从法律与行政关系论政府职能法治化》，载《国家行政学院学报》2013 年第 3 期。

② 参见王天华：《行政诉讼的构造：日本行政诉讼法研究》，法律出版社 2010 年版，第 267 页。

③ 闫尔宝：《司法解释放弃定义具体行政行为的策略检讨》，载《法制与社会发展》2012 年第 4 期。

利义务关系。因第三个原因提起的诉讼可能是法律关系之诉也可能是行为之诉。具体分析如下：关于行政协议诉讼，其对应的判决类型除2017年《行政诉讼法》第78条规定的履行判决之外，还包括2020年《行协规定》中所规定的赔偿判决、确认行政协议有效判决、确认行政协议无效判决、驳回诉讼请求判决。依据2020年《行协规定》，确认行政协议无效的判决对应两种情形：一是行政协议存在“重大且明显”违法之情形的，人民法院应当对其作出确认行政协议无效之判决。即在行政协议中因为行政行为重大且明显违法导致行政协议归于无效的，人民法院应判决确认行政协议无效。二是因行政协议存在《民法典》中关于合同无效规定的情形导致行政协议无效的，人民法院亦可确认行政协议无效。民事法律规范关于合同无效的规定，在五种情形下订立的行政协议是无效的，此五种情形导致协议无效在理论上是可能发生的，那么此时作为非行政机关一方的行政协议当事人，请求法院确认行政协议所确定的权利义务关系不存在，毫无异议。此时法院作出的确认判决所针对的对象是协议双方当事人的权利义务关系即行政法律关系，而非行政机关一方的行政行为。

综上，关于行政协议的诉讼涵盖关系之诉和行为之诉，其中行政机关行使行政优益权违法变更、解除行政合同的诉讼，是行为之诉，因为此时法院审查和判决所关注的焦点是行政机关优益权行使的合法与否，即法院在审理的过程中主要审查行政机关的行政行为。而因行政协议的签订、无涉优益权的行使，是法律关系之诉，对应的判决对象也是上述提到的行政法律关系中的合作关系。至此，可以说我国行政诉讼确认法律关系判决开始具备雏形。

5. 隶属型行政法律关系中的“基本关系”可以成为确认判决的对象

外部法律关系及其依附的行为受法律调整，已被 2017 年《行政诉讼法》所确立和认可，但内部行政法律关系中的“基本关系”目前在我国不受行政诉讼法的调整，那么行政法律关系中的“基本关系”是否具备可诉性？对此可作一番探讨。

(1) 内部行政行为具有可诉性

当前，我国关于内部行政法律关系不可诉，一个重要的原因在于内部行政行为不可诉。在行政诉讼的框架内，虽然内部行政行为的可诉性在 2017 年《行政诉讼法》中尚无明确规定，但为内部行政行为打开“可诉之门”已成为必然，原因在于，在我国人人都必须遵守宪法和法律的规定，且人人平等地受法律保护。外部行政行为损害了公民的合法权益，公民可以提起行政诉讼，当内部行政行为侵犯了公务人员的合法权益时，也必然要赋予公务人员提起诉讼的权利。内部行政行为同样没有超越法律的特权，也必然要接受法律的约束和规制，否则就会对法治造成破坏。内部行政行为可诉符合“自己不得充当自己案件法官”的自然公正原则。如果内部行政行为不可诉，公务员受到不公处分后，只能局限于行政机关系统内部的行政申诉和复核，则其权利无法获得充分完整的救济。同时司法不能对其干涉，也有违法治的统一性原则，法律的权威就会受到伤害。因此内部行政行为不仅具有可诉性，而且是一种必然和发展趋势。

（2）隶属型行政法律关系中的“基本关系”可以成为确认判决的对象

无论大陆法系的德日还是英美法系的国家，在立法中均为确认法律关系的判决留下了一席之地，其内容包括平权型行政法律关系和部分隶属型的行政法律关系。我国作为行政法治发展相对缓慢的国家可以对此进行借鉴，并且在我国的立法和司法以及实践中已经不同程度地反映了对此的需求。行政法律关系可以作为确认判决的对象，立法上又出现了确认法律关系判决的雏形，实践中又自行发展出了确认行政协议有效的判决。内部行政行为可诉，那么由内部行政行为形成的隶属型法律关系中的“基本关系”，在无法提起行为诉讼时同样可诉，如公务员请求法院确认其公务员的地位之诉讼、[①]某人请求法院确认其具有事业单位人员之身份诉讼。笔者认为，鉴于社会实践的复杂性，行政方式的日趋多样化，行政法律关系又具有开放性和包容性特征，应该会有更多样的行政法律关系被行政诉讼法规范和调整，那么也必然会有一部分行政法律关系被诉至法院，并需要以确认判决作为与此相适应的判决形式。[②] 所以建立完整意义上的确认法律关系的判决势在必行。

之所以如此颇费周折地论证行政法律关系可以作为确认判决的对象，原因有三：其一，关于行政协议为关系之诉还是行为之诉，理论界的争论可谓此起彼伏，对其的澄清有利于停止纷争，维护相对人的合法权益，有利于维护国家和社会利益，也有利于监督行政机关依法行政，更有利于行政机关更好地利用行政协议这种方式优化行政。[③] 同时确认法律关系存在与否的判决具有一定的预防性作用，[④]能在一定程度上避免原告一方的权利遭受侵害，这与 2017 年《行政诉讼法》规定的

---

① 参见董鑫：《试论我国公务员权利救济之框架》，载《法学论坛》2006 年第 4 期。

② 参见张成立：《公务员权利救济法律问题探析》，载《齐鲁学刊》2010 年第 3 期。

③ 参见耿宝建、殷勤：《行政协议的判定与协议类行政案件的审理理念》，载《法律适用》2018 年第 17 期。

④ 参见王利明：《论行政协议的范围——兼评〈关于审理行政协议案件若干问题的规定〉第 1 条、第 2 条》，载《环球法律评论》2020 年第 1 期。

行政诉讼的目的——保护公民权利相契合。其二,相比于权利遭受侵害之后再作出撤销判决、给付判决,对受侵害的权利进行救济之程序的复杂性和较高的成本相比,确认法律关系判决所涉及的法律关系相对简单,审理也更方便、更容易,给各方都带来便利。其三,内部法律关系中的"基本关系"即部分隶属型的行政法律关系也具备可诉性,将其纳入行政诉讼范围内,并为其设置相应的判决形式——确认法律关系的判决,乃为我国公务员合法权益的保障开启了一扇公正之门,有利于法治的统一、依法行政原则的贯彻落实、法律面前人人平等原则的兑现、自然公正原则的实现。

(二)行政事实行为——可以成为行政诉讼确认判决的对象

1. 行政事实行为的概念和特征

(1)行政事实行为的概念剖析

行政事实行为之所以进入人们关注的视野,是因为随着行政权的日渐扩张,政府的管理权限和管理范围发生了变化,政府从管理的角色向服务的角色转变,如行政机关兼承了提供信息咨询、行政指导、公共设施的建设等职责。魏玛共和国时期德国学者耶律纳克(W. Jelinek)提出了"行政事实行为"这一概念,开启了对"行政事实行为"研究之门。耶律纳克将行政分为公行政与国库行政,公行政再区分为官方高权行政与单纯高权行政。其中单纯的高权行政如发布天气预报等行为又被称为行政事实行为。[①]

行政行为包括行政事实行为和行政法律行为。[②] 行政事实行为与行政法律行为不是截然对立的关系，二者存在一定的共通之处和相异点，二者的上位概念为行政行为。不管是行政法律行为还是行政事实行为，它们的行为主体均为行政主体，离开这一主体条件，二者均不能成立。当然，行政主体还必须在其职责范围内活动，即作出的行政法律行为或行政事实行为是在其行政权范围内的行政行为。二者的相异点较为明显，最重要的一点是，在作出行政法律行为和行政事实行为时，行政主体的意思表示不同。诚如德国学者茨威格所言"法律行为与事实行为的核心区别在于后者不依赖于行为人意图而产生其法律后果；而前者的法律后果之所以产生恰恰是行为人表示了此种意图，即法律使其成为现实行为"[③]。也即意思表示对行政法律行为而言不可或缺，对行政事实行为而言完全不必要。其次，二者产生的法律后果不同。行政法律行为必然会产生一定的法律后果，如会引起行政相对人承

---

① 参见王名扬：《法国行政法》，北京大学出版社 2007 年版，第 136 页。

② 所谓的行政法律行为是指行政主体在进行行政管理的活动中或者在行使职权的过程中，作出的法律意义上的行政行为，它包括具体行政行为和抽象行政行为。参见王名扬：《法国行政法》，北京大学出版社 2007 年版，第 136 页。

③ 董安生：《民事法律行为》，中国人民大学出版社 2002 年版，第 107 页。

担一定的义务,取得相应的权利等。而行政事实行为的后果是不确定的,有时可能会产生一定的法律后果,且判定其后果是否为法律后果的唯一依据是法律的规定。再次,二者的行政程序不同。法律对行政法律行为有着严格的程序规定,如对行政处罚有听证等程序性规定。而对行政事实行为,法律并无程序性规定,行政事实行为存在一定的偶发性和不确定性,也无法对其进行程序规范。①

(2)行政事实行为的特征

行政事实行为隶属于行政行为,但它是不同于行政法律行为的行政行为,其特征如下:

第一,行政事实行为具有行政性。它是行政主体在行使行政职权的过程之中产生的、与行政职权相关的行政行为。因此它受到行政法的调整和相关行政规则的约束,一旦出现法律后果,该后果由行政机关来承担。若需要进行赔偿,则由国库承担。可见,行政事实行为具有行政性,由此也决定了其产生的争议属于公法争议,按照公法解决争议的途径进行救济。

第二,行政事实行为不具有意思表示性。行政主体作出

① 参见豆星星、王少俊:《“行政事实行为”概念辨析》,载《当代法学》2003年第6期。

行政事实行为源于法律对此作出的规定，而非源于行政主体主观的意思表示，因此，行政事实行为也不以产生相应的法律后果为目的。

第三，行政事实行为具有依附性。行政事实行为并不能单独存在，而要依附于其他行政行为。[①] 若其他行政行为这个依附体不存在，那么所谓的事实行为即为民事行为或刑事行为，由其相应的法律予以规范。

第四，行政事实行为具有不可改变性。行政事实行为一旦作出，任何行政主体都无法变更，也不能像具体行政行为那样被撤销，因为行政事实行为一旦作出，即呈现客观存在的状态，是一种不以人的意志为转移的客观存在。[②]

2. 行政事实行为的类型

行政事实行为不是单一的，它具有多样性，可以分为程序型行政事实行为、处理型行政事实行为、服务型行政事实行为、知告型行政事实行为。[③]

法律分为实体法和程序法，事实行为也存在程序性的事实行为。所谓程序型事实行为包括准备行为和执行行为。所

① 参见杨立宪：《论行政事实行为的界定》，载《行政法学研究》2001 年第 1 期。
② 参见闫尔宝：《论行政事实行为》，载《行政法学研究》1998 年第 2 期。
③ 参见吕诚、王桂萍：《行政事实行为几个问题的探讨》，载《行政法学研究》1996 年第 4 期。

谓准备型行政事实行为，是指在行政主体意思表示作出之前的准备行为，通常包括行政通知、检查、调查、行政强制措施等行为，这些为行政行为的作出做好了准备。[①] 如交通警察在公路上随机叫停车辆，进行检查驾驶证和酒精检测的行为就是行政检查行为，一旦发现驾驶员存在无证驾驶或者酒驾等行为，将对该驾驶员进行行政处罚，之前的检查行为就成为后来处罚行为的准备行为。而行政事实行为的执行行为指行政强制执行，即当行政相对人未依法履行义务时，行政主体采取强制手段使其履行相应的义务或责任。由于行政主体在强制执行的过程中并无法律上的意思表示，而是执行先前行政决定，所以它当然隶属于行政事实行为。

处理型行政事实行为则相对容易理解，如行政主体基于工作的需要，对相关资料的收集和分发，对无关材料的处置等。但是需要注意的是，处理型行政事实行为不同于行政处分，行政处分属于具体行政行为。

较为常见的是服务型行政事实行为和告知型行政事实行为。其中服务型行政事实行为的目的在于通过行政事实行为，服务于群众，为人民谋福利，让人民更舒适地生活，它

---

① 参见于立深:《行政事实认定中不确定法律概念的解释》，载《法制与社会发展》2016 年第 6 期。

是随着社会福利事业的发展而来的，如清洁车对垃圾的清理、公园的修建、道路花草的种植和养护，以及为农业等提供行政指导都属于服务型行政事实行为。而告知型行政事实行为则是行政主体利用其掌握大量准确信息的优势，为人民提供信息的行为，如空气质量指数的发布，人口调查报告等的公开。

3. 行政事实行为可以成为确认判决的对象

(1)行政事实行为的可诉性分析

在行政机关的管理活动以及行政过程中，存在大量的行政事实行为。虽然这些行政事实行为的作出并无行政主体法律上的意思表示，但是却存在损害行政相对人合法权益的可能性，一旦造成相对人的合法权益的减损，对此该如何救济，是我们重点关注的领域。对行政事实行为的研究，其落脚点归结于对个人的权利提供保障。诚如王名扬先生所言："行政事实行为虽不直接产生法律效果，但它对法律关系的产生过程和实施过程具有重要关系，因而应当受行政法调整，而行政法强调行政权活动的目的，归根结底还是对个体权利的保障。"①所以将行政事实行为纳入行政诉讼的受案范围实属必要的，理由如下：

① 王名扬：《法国行政法》，北京大学出版社2007年版，第136页。

第一,将行政事实行为纳入行政诉讼的受案范围是有损害必有救济的行政法学理念的要求。二战后全球化进程加快,社会的生产发展出现了更大范围的分工与合作,为适应市场的开放性和经济合作的需求,政府的角色多转变成为社会提供服务的公益性行政主体,政府更加注重提供救济和服务。在此社会经济的大背景之下,"有损害必有救济"成了行政法学的重要理念。[①] 同时,公民对救济制度的需求与日俱增,所以需要扩展法律救济的宽度,将违法的、可能造成当事人权利损害的行政事实行为纳入行政诉讼的受案范围是必然要求。

第二,将行政事实行为纳入行政诉讼的受案范围是依法行政原则的要求。依法行政是民主制国家的基本原则,该基本原则在行政法治的早期,要求行政主体在行政管理过程中,遵守形式上的法律即可。但是随着社会的发展和法治环境的变化,依法行政既要求行政主体在行政的过程中遵守形式的法治主义,又要兼顾实质上的法治。实质意义上的依法行政原则中的"法"不仅包括法律规范,还包括法的原理和法的原则甚至法的精神。[②] 因此行政事实行为也应遵循依法行政原

① 参见顾爱平:《行政事实行为及其可诉性问题研究》,载《江海学刊》2013 年第 4 期。

② 参见王红霞:《论法律实施的一般特性与基本原则——基于法理思维和实践理性的分析》,载《法制与社会发展》2018 年第 4 期。

则,对相对人合法权益造成损害的,应该受依法行政原则的约束并被纳入行政诉讼的范围之中。

第三,行政事实行为缺少行政程序和法律规制。一般而言,法律为行政行为设置一定的程序规则以防止行政权的滥用,以此来保护相对人的合法权益。[①] 但例外的是,法律并没有对行政机关的行政事实行为设置一定的行政程序,即在此情况下,行政机关作出行政事实行为只需遵循一定的行政原理或原则即可。[②] 因此在行政事实行为中,行政机关有机会随意甚至滥用职权,在行为中掺杂个人意志,以自身的好恶来判断事实的情况是有可能发生的。另外,行政事实行为的表现形式多样,也正是由于行政事实行为本身的多样性,使行政机关及其工作人员拥有较大的自由裁量幅度。若对这个幅度把握得不准,将很可能给行政相对人带来权益的损害,因此让行政事实行为接受司法审查是必要的。

第四,行政事实行为"自带"诉讼价值。由行政事实行为的依附性特征可知,行政事实行为并不能单独存在,它总与行政职权行为有割舍不断的联系。因此,当一个行政法律行为被诉时,若存在相关的行政事实行为,它必然也要受到法院的

---

① 参见顾爱平:《行政事实行为及其可诉性问题研究》,载《江海学刊》2013 年第 4 期。

② 参见关保英:《行政程序滥用研究》,载《现代法学》2015 年第 3 期。

审查,而且行政事实行为违法与否,可能会对行政法律行为的评价造成一定的影响。除此之外,由于行政事实行为可能会造成相对人权益的减损,且对行政事实行为作出确认违法的认定,是作出相关赔偿的前提,即确认行政事实行为违法是行政赔偿的前提。而法院对行政事实行为作出的确认判决才是对行政事实行为最权威的认定,这就是行政事实行为独立诉讼价值和专属性的体现。①

第五,将行政事实行为纳入行政诉讼的受案范围是由行政诉讼法的立法目的决定的。就我国而言,从 2017 年《行政诉讼法》的立法目的来看,若行政机关的行政行为侵犯了行政相对人的合法权益,则行政相对人可以对该行政行为提起诉讼。而此处的行政行为在立法上并没有特别强调必须是具体行政行为,这为行政事实行为进入司法审查的视野留下了空间。行政事实行为造成相对人权益损害的可能性是存在的,所以必须对因此而造成的损害提供法律保护。随着权利时代的到来,我国行政法应注重行政合法性与保障人权并行。

(2)行政事实行为可以成为确认判决的对象

既然行政事实行为可以纳入行政诉讼,那么与之相适应

① 参见龚钰淋:《行政事实行为救济制度研究》,载《河北法学》2010 年第 1 期。

的判决形式是什么呢？基于行政事实行为的客观性，若对其适用撤销判决或给付判决，在逻辑上是很荒谬的。[①] 值得提出的是，确认判决这一判决类型，在很大程度上解决了对行政事实行为评价的判决形式问题。行政诉讼确认违法判决，可以对行政事实行为的违法性作出评价，并且对违法的事实行为的确认是行政赔偿的前提和基础。2017 年《行政诉讼法》第 74 条第 2 款第 1 项规定“行政行为违法，但不具有可撤销内容的”依法作出确认违法判决。有部分观点认为，行政事实行为可以作为确认违法判决的对象最早可以追溯到 2000 年《行政诉讼执行解释》，其中第 57 条第 2 款规定“被诉具体行政行为违法，但不具有可撤销内容的”人民法院应当作出确认违法或者无效的判决。有学者据此认为，此处新增加的确认判决就是针对行政事实行为的评价。[②] 这里笔者并不认同这部分学者的观点，因为该处所作出的确认判决针对的是具体行政行为，而具体行政行为并不能包含行政事实行为，二者是排斥关系，所以笔者认为部分学者的观点是失当的。

诚然，行政事实行为可以作为行政诉讼确认判决的对象。

---

① 参见龚钰淋：《行政事实行为救济制度研究》，载《河北法学》2010 年第 1 期。

② 参见梁凤云编著：《新行政诉讼法逐条注释》，中国法制出版社 2017 年版，第 600 页。

在现实中除对违法的行政事实行为进行确认外，对其造成的损害如果能进行金钱形式的赔偿，需附带赔偿判决。若造成的损害无法用金钱弥补，则需要考虑如何恢复原状，即令行政主体除去其损害后果，以达到救济原告合法权益之目的，对此，可以借鉴德国的“后果排除请求权”制度。在德国，基于在行政诉讼法理论和在实践的基础上建立起来的、公法上的“后果排除请求权”制度，是针对行政事实行为之特性提供救济的途径，是一个公法制度。如果一个行政事实行为所造成的损害后果仍处于继续状态，行政相对人便可向法院提起诉讼，请求法院判决行政机关负有除去此损害之义务。德国的此项制度可为我国对“行政事实行为”所造成权益的损减进行救济提供有益借鉴。即行政机关的事实行为造成原告权益损害时，可以作出确认违法判决并要求行政机关赔偿原告或恢复原状。

综上，所谓行政诉讼确认判决是指人民法院依法对行政行为或行政法律关系进行审查，并依据原告的诉讼请求，对被诉的行政行为作出的确认违法或确认无效的判决或者对行政法律关系存在与否作出确认的判决。行政诉讼确认判决的对象包括行政事实行为、行政法律行为以及行政法律关系。

第二节　新概念之下行政诉讼确认判决的类型

行政诉讼确认判决按照划分的标准不同，可以划分为多种类型。本书是按照判决的对象来区分确认判决类型的，所以在新概念之下，行政诉讼确认判决按照判决的对象不同，可以分为确认行政行为的判决和确认行政法律关系的判决。其中确认行政行为的判决又可以分为确认行政行为违法判决、确认行政行为无效判决。其中确认违法判决又可以分为确认作为行为违法判决和确认不作为违法判决。

一、确认法律关系的判决

在行政诉讼确认判决的组织架构中，除包含确认行政行为无效判决和确认行政行为之违法判决外，世界各国还普遍承认确认行政法律关系的判决。原告一方提起确认法律关系存在与否的诉讼，目的在于请求法院对混乱不堪的法律关系作出权威性的宣告，法院通过审理，对法律关系作出存在与否的确认判决。显然，确认法律关系判决的对象与确认行政行为判决的对象迥异。① 因此,确认法律关系判决的适用要件不同于确认违法、无效等判决的适用要件。当前,我国相关法律还没有明文规定确认法律关系的判决,仅仅涉及对行政协议中权利义务关系的确认,对确认法律关系判决的适用规则与范围并无涉及,所以其只能是确认法律关系判决的一个雏形。但随着今后行政诉讼受案范围进一步地拓宽,特别是行政法律关系的日趋多样化和不同性质的法律关系的频繁交织,尤其是前文提到的内部法律关系中的"基本关系"具备可诉性,且确认法律关系判决为其唯一的判决形式,所以建立完整意义上的确认法律关系的判决十分必要。广义的确认法律关系的判决还包括驳回诉讼请求的判决,由于驳回诉讼请求的判决对原告的权利保护无任何作用,对行政机关的行政行为无任何影响,因此在这里不予展开论述。

行政法律关系的存在可能直接源于部分法律的规定,也可能因行政行为的作出、行政协议的签订等引发。现代行政法律关系复杂多样,行政诉讼法律关系也不再局限于原、被告之间的法律关系、第三人与作为被告的行政机关之间的行政法律关系,若存在值得法律保护的确认利益,他们之间的

① 参见孔繁华:《滥用行政诉权之法律规制》,载《政法论坛》2017 年第 4 期。

行政法律关系也可成为行政诉讼确认法律关系判决的对象。[①]

行政诉讼确认法律关系的判决，既包括确认法律关系存在的判决，也包括确认法律关系不存在的判决，以及澄清当事人法律地位作出的确认判决。行政行为和行政法上的事件是引起行政法律关系发生、变更和消灭的两大主要因素。[②] 因行政协议的成立与否引起的行政争议，相对人诉讼的目的就是对行政协议中权利义务关系存在与否的确认。事实上，行政协议中非行政机关一方当事人，即原告，请求法院确认协议有效的真实意图为：确认双方之间因协议而确立的权利义务关系。协议行为仅仅是法律关系产生的原因，当事人诉至法院真实的请求是确认双方存在协议所确定的权利义务关系，法院从而作出确认其权利义务关系存在与否的判决。此时原告的确认利益即为协议规定的行政机关的义务，且原告对此的确认较为急切和紧迫，否则相对人的权益可能由此而受损。对于因行政机关内部的大量考核、奖惩引起的公务员法律地位的变动以及法律地位的模糊不清等基本关系问题，只能提起确认法律关系之诉，对应的判决方式为确认法律关系的判决。

---

① 参见章志远：《论行政确认诉讼的运作规则》，载《中州学刊》2009 年第 2 期。

② 参见杨解君、温晋锋：《行政法律关系新论》，载《南京大学法律评论》1998 年第 1 期。

二、确认违法判决

确认违法判决的本质是，通过司法判决确认违法的行政行为不具有合法性，但该行政行为在法律上仍然存在和有效，[①]即虽然行政主体作出的行政行为违法，但基于事实情况或种种考虑，[②]法院仅仅宣告行政主体的该行政行为违法，而保留其存在。值得一提的是，此处的行政行为不仅包括具体行政行为的作为行为和不作为行为，还包括行政事实行为（前

---

① 在德国，对于当事人因行政处分解决而解消但可恢复的法律上的利益，系以转换其诉讼种类为确认诉讼之方式，以判决宣告该行政处分为违法，用以代替撤销判决。此类确认诉讼判决，在性质上与一般确认判决不同，不仅有宣示的效力，还有实体效果。我国台湾地区有关行政诉讼的规定引入德国法上的规定，确认违法判决是指原告主张已执行完毕或因其他事由消灭之行政处分即已解消之行政处分有违法之争议，请求行政法院以判决除去其侵害之确认诉讼。

② 在行政执法实践中，为了保证行政权行使的效力和效率，行政活动的实施不能因相对人的任何异议或挑战就立即停止下来。所以，在人民法院作出最终的判决之前，违法行政活动对相对人合法权益的损害往往已无法挽回或恢复。为了尽可能地保障相对人的合法权益，法院应当对该类违法行政行为作出确认违法判决。在带给相对人慰藉和行政机关警示的同时，为相对人判断是否寻求进一步的赔偿救济提供基础（参见张旭勇：《民事、行政确认判决辨析》，载《行政法学研究》2006 年第 2 期）。特殊情形下的确认违法判决是基于公共利益相对于私人利益保护的优先性作出的，如情况判决。还有一种情况是继续确认之诉对应的确认违法判决。“行政机关的各种措施在法律争议结束之前完成的现象，出现得越来越频繁。尤其是在警察法和秩序法中，继续确认之诉（判决）成了唯一可能的诉讼（判决）种类。因为这些措施据其性质应在很短时间内完成，在诉诸行政诉讼时，它们早已结束。”这种情况下只能适用确认违法判决（参见［德］弗里德赫尔穆·胡芬：《行政诉讼法》，莫光华译，法律出版社 2003 年版，第 327 页）。

述章节已述，此处不赘）。当法院作出确认违法的司法判决时，无论是对行政行为的主体——行政机关，还是对行政行为结果的承受者——行政相对人，都产生拘束力。具体来说，行政主体不能撤销或改变被法院判决违法的行政行为，行政相对人则须接受并履行该行政行为设定的义务或承受其造成的损害后果。① 当然，相对人所承受的损害后果可以通过赔偿诉讼或在确认诉讼中一并请求行政机关赔偿来弥合。

确认违法判决在以下情形中得以适用：

行政行为的违法性不可撤销或不可逆转。在很多情况下，行政主体作出的具体行政行为内容一旦被执行或实现，其所产生的客观事实将不具有可撤销性或不具有可逆转性，会使行政行为的撤销变得不可能或即便撤销也无实质意义。② 此时，这类行政行为就属于不可撤销的行政行为。如行政机关认定相对人的房屋为违法建筑并对其进行拆除，且禁止再行建造，此时认定该房屋为违法建筑的行政处分就属于不可以撤销的具体行政行为，此时法院只需对行政机关的行政行为的合法性作出评价即可。

---

① 参见薛刚凌：《行政判决制度研究》，载《河南省政法管理干部学院学报》2003年第2期。

② 参见叶平：《不可撤销具体行政行为研究——确认违法判决适用情形之局限及补正》，载《行政法学研究》2005年第3期。

确认执行回转后果严重的具体行政行为违法。一些行政行为的内容一经实现，其后果就不具有可逆转性，此时的行政行为就是行为后果恒定的行政行为。[①] 但当其内容可以逆转时，其结果可以通过行政行为的方式扭转，此时对该可逆转的行政行为是否一律作出撤销判决呢？笔者以为，对此应根据案件的具体情况和问题进行具体分析。例如，当对某些行政行为的执行回转将会给公共利益、国家利益或第三人的利益等造成重大损失时，将原本在效力上具有评价可能性的具体行政行为，转变为不宜撤销的具体行政行为，因为它的内容之实现与重大的公共利益挂钩，经比较与权衡，适用确认违法判决。如日本的情势判决，根据日本《行政事件诉讼法》第 31 条规定，[②]在该情形下，法院经审理认为，作出“情势判决”更“划算”，所以采取驳回诉讼请求的判决方式，只在判决主文中宣告行政行为违法，但保留行政行为的效力，且宣告违法的行政行为是指“行政处分或裁决”。而同样的情形，在我国采取的是确认违法的判决方式。两种判决的名称虽不相同，但由于

① 参见张峰振：《不当行政行为救济方式的立法完善》，载《法学》2013 年第 5 期。

② “在撤销诉讼中，处分或裁决虽然违法，但将其撤销将会给公共利益造成显著损害的，法院可以对原告受损害程度、赔偿或者防止该损害的程度加深等情况进行考虑，认为撤销处分或者裁决不符合公共福祉时，驳回请求。此时，法院必须在判决的主文中宣布处分或者裁决违法。”参见何海波编：《中外行政诉讼法汇编》，商务印书馆 2018 年版，第 755 页。

其适用的情形相同,故日本的情势判决对我国仍有借鉴意义,所以在此处予以介绍。不得不提的是,即便情势判决源于日本,但由于其弊端显而易见,法院和行政机关容易“合起伙来”作出非公正的裁判,所以情势判决在日本并不多用,且一直饱受诟病。①

续行确认之诉对应的判决类型涵盖确认违法判决。行政机关作出的行政行为是违法的,当原告诉至法院,行政机关出于自身的“觉悟”或其他原因,自行撤销或变更了原行政行为,此时法院仍需对原行政行为作出评价。之所以仍然要对原行政行为作出法律评价,是因为即使是已经被撤销或变更的行政行为,也有可能对原告的权利造成损害,毕竟违法的行政行为存在损害权利的可能性。德国《行政法院法》第 113 条第 1 款第 4 项中谈及续行确认之诉,即“在判决之前,如果某具体行政行为被撤回或被以其他的方式终结,但在原告对此确认具有正当利益的情况下,法院基于申请,以判决形式宣布原具体行政行为系违法”②。

确认不作为违法判决。不作为乃是指行政机关基于法律之规定或与相对人约定的义务应为行政行为而不为,若判决

---

① 参见江利红:《日本行政诉讼法》,知识产权出版社 2008 年版,第 450 ~ 453 页。

② 何海波编:《中外行政诉讼法汇编》,商务印书馆 2018 年版,第 709 页。

其再行行政行为没有实质意义，所以对其不作为作出确认违法判决。日本《行政事件诉讼法》的第3条第5款对不作为违法确认判决作出了规定，“不作为违法确认诉讼”是指行政机关根据法令或申请，在相当期间内应当作出某种处分或裁决而不作出时，行政相对人请求法院确认行政机关该不作为违法的诉讼。那么根据该条法律规定可知，若原告提起的不作为违法确认诉讼被法院所支持，则法院将会作出原告胜诉的判决，即确认被告不作为违法的判决，且该判决的对象为行政处分或裁决。

但是值得注意的是，此处的不作为违法确认诉讼的对象仅仅局限于行政相对人申请而行政机关不应答的不作为，即只有原告申请作出，而负有作为义务的行政机关却没有作出行为。所以不作为违法确认诉讼并不包含行政机关应依职权作出行政行为而不作为的情形。例如，对于行政机关应作出行政许可而不作出的行政行为，可以作出确认违法判决，而对于依职权的行政处罚行为，法院并不能作出不作为违法确认判决。所以在日本，原告提出不作为违法确认诉讼的目的是，促使行政机关对自己的申请作出行政行为，即法院判决行政机关不作为违法之后，行政机关再针对原告的申请作出行政行为。上述情况下，仅仅作出确认判决不足以彻底解决行政诉讼的纠纷，原告的权利无法获得完整意义上的救济，所以在

2004年,日本《行政事件诉讼法》修改,增设了课予义务诉讼,即在上述情况下,原告一方可以一并提起不作为违法确认诉讼和课予义务诉讼,法院同时作出确认不作为违法判决和课予义务判决。由此可见,这与我国的确认不作为违法的判决适用情形并不相同。我国的不作为违法确认判决适用的情形是行政机关不作为违法,判决履行没有意义。如果判决履行有意义的话,则法院直接作出履行判决而不再作出确认违法判决。

现实中,法院作出了不作为违法确认判决后,若在相当长的一段时间内,负有作为或者赔偿义务的行政机关仍然不作为,由于法律没有作出对行政机关制裁的规定,所以即使行政机关仍然不作为,也不能就此认为行政机关必须作为或必须对此进行赔偿。① 由此可以看出,司法权和行政权存在界限,不宜逾越,且显示出司法权对行政机关首次判断权的尊重。

三、确认无效判决

确认无效判决是指经过法院审理认为行政行为具有重大

① 参见江利红:《日本行政诉讼法》,知识产权出版社2008年版,第525页。

违法的情形,法院对其作出彻底否定的判决。① 在确认无效判决中,行政行为的违法程度较为严重,达到了无法容忍的、无效的地步。所以无效行政行为虽然隶属于违法之行政行为,但其违法的程度要远远超过一般违法的行政行为。② 日本的"重大明白说"要求行政行为瑕疵的重大性且在外观上的明白性。③ 德国《行政程序法》第 44 条的"明显且重大瑕疵"以及我国台湾地区有关行政程序的规定第 111 条规定的"重大明显之瑕疵者"皆是无效行政行为的认定标准。"重大且明显违法"已经成为确认行政行为无效审查标准的通说。

确认无效判决的作出,除要求行政行为具有重大且明显违法的特征以外,还需要与之对应的确认无效诉讼不受起诉期限的限制。学理上认为,由于无效行政行为自始无效、当然无效、绝对无效,因而无效行政行为不具有公定力,即其从作出之日起就不会被推定为有效,也不会因为经过一定期间而被确定为有效,故不受起诉期限的限制。④ 有学者认为,确认无效之诉没有真正意义上的期限,但是原告还是应该尽早地提起诉讼,以免

---

① 参见黄涧秋:《行政诉讼确认无效判决的法律适用评析——围绕新〈行政诉讼法〉第 75 条展开》,载《法治研究》2016 年第 5 期。

② 参见黄学贤、徐恒婧:《新〈行政诉讼法〉第 75 条确认无效判决的司法适用探讨》,载《法治研究》2017 年第 3 期。

③ 参见江利红:《日本行政诉讼法》,知识产权出版社 2008 年版,第 500 ~ 501 页。

④ 参见王太高:《试论无效行政行为理论》,载《扬州大学学报(人文社会科学版)》2001 年第 6 期。

耽误诉讼时机。[①] 在我国,2017 年《行政诉讼法》以及 2018 年《行诉解释》[②]并没有关于确认无效之诉诉讼期限的特别规定。

确认无效判决的意义在于,通过法院之手对行政行为作出权威性的无效确认,来消除不当行政处分具有的外观的法律效果以及事实上的不利效果,进而确定法律明确和安定之状态。确认无效诉讼的存在价值主要体现在起诉期限的延长和救济途径的选择上。[③] 所以,应完善确认行政行为无效判决及相关制度,为相对人提供足够的救济,包括权利救济的长度与深度。无效行政行为的诉讼应当区分为两个阶段来看待,在诉讼期内,不管相对人提起撤销诉讼还是确认无效诉讼,法院应作出确认无效判决。而在一般诉讼期外,若法院经审理案件,认为根据现有的事实和证据,尚无法确定行政行为是否达到重大且明显违法,则作出驳回诉讼请求的判决。所以,如果相对人在起诉期限内提起行政诉讼,法院在无法查明行政行为违法的程度时,作出撤销判决为宜。只有当法院认定行政行为重大且明显违法时,确认无效判决才成为必要。

---

① 参见王青斌、张莹莹:《论无效行政协议的起诉期限》,载《浙江学刊》2018 年第 5 期。

② 2018 年《行诉解释》的出台,对确认判决的相关条款的具体含义作出解释。该司法解释的第 81 条、第 94 条至第 99 条是关于 2014《行政诉讼法》第 74 条、第 75 条、第 76 条作出的具体适用规定。

③ 参见金伟峰:《关于建立我国无效行政行为制度的几个具体问题》,载《浙江社会科学》2005 年第 3 期。

行政诉讼确认判决还可以作为审查抽象行政行为的重要判决形式。目前我国行政诉讼中，仅可以对抽象行政行为进行附带审查。如我国2017年《行政诉讼法》第64条明确：人民法院在审理行政案件中，经审查认为国务院部门和地方人民政府及其部门制定的规范性文件不合法的，不作为认定行政行为合法的依据。即在当前情况下，人民法认为上述规范性文件不合法的，只能不将其作为判案的依据，而不能对上述规范性文件作出确认违法或无效判决。但从长远来看，将抽象行政行为纳入行政诉讼受案范围是一种趋势，在其可以被诉之后，其最适合的判决形式恐怕也只能是确认判决了。对此，域外的经验可以为我们提供参考。德国《行政法院法》第47条规定了规范审查之诉，在德国，规范本身可以直接受到审查，即原则性规范审查；规范也可以被附带审查，即在法院对一个基本规范作出的个别措施进行的裁判中受到审查。[①] 同样，在英国，确认判决适用范围极其广泛，其当然可以适用于对抽象行政行为的审查，如法院可以对委任立法宣告无效。我国在将抽象行政行为纳入受案范围后，可以借鉴外国经验，对部分抽象行政行为的审查采用确认判决的形式。

---

① 参见[德]弗里德赫尔穆·胡芬：《行政诉讼法》，莫光华译，法律出版社2003年版，第339页。

第二章　新概念之下行政诉讼确认判决的理论基础

第一节　确认利益理论

一、确认利益理论概说

确认利益是用来考量某种法律关系是否有澄清或确认的必要，某行政行为是否有动用司法资源加以解决的必要。确认利益意在回答某行政争议适用确认判决是否合适，以及适用确认判决是否为解决纠纷的最佳方式？确认利益是适用确认判决的主要考量因素。仅仅存在于确认判决中的确认利益，在本质上属于确认判决的适用要件，用以解决就请求内容在原被告之间作出确认判决是否必要且妥当的问题。确认利益阻却某个具体的当事人启动诉讼程序,是确认诉讼能够合法进行的一种制度保障,也影响着法院对判决类型的选择。

确认利益往往与正当利益相联系。在德国,确认利益仅指正当利益。[①] 正当利益是指经由合理的考量,按照事物状况受到法规或者基于法理值得保护的利益,包括法律上、经济上、名誉上甚至想象上的利益。[②] 其范围超过单纯法律上利益。需要注意的是,行政确认诉讼和确认判决保护的利益限于公法上的利益,不包括私法上的利益。我国台湾地区规定的确认利益是法律上的利益。[③] 法律上的利益包括法律上的利益以及依据争议事件的状态,经过合理利益衡量,根据法律的明确规定或者一般的法律原则应当予以承认的、值得保护的、事实上的利益,特别是诉讼当事人在经济上或者精神上的正当利益。需要说明的是,在本书中正当利益与法律上的利益作同一意义上的理解,将二者等同看待。还有一种说法是"即受判决法律上的利益",对某个确认诉讼,其是否具有诉之利益或对某案件是否应当作出确认判决的裁量标准是当事人

---

① 参见德国《行政法院法》第43条规定:"确认法律关系之存在或不存在或者确认行政处分无效的诉讼,以原告有即受确认之正当利益者为限。"

② 参见曾哲、赵钟根:《行政确认诉讼的理论基础及其完善》,载《甘肃政法学院学报》2014年第2期。

③ 我国台湾地区有关行政的规定:"确认行政处分无效及确认公法上法律关系成立或不成立之诉讼,非原告有即受确认判决之法律上利益者不得提起之。"

是否具有“即受判决法律上的利益”。所谓即受确认判决之法律上利益系指法律关系是否存在并不明确，行政诉讼原告主观上认为其在法律上的地位有不安之状态存在，并且这种不安状态能够以确认判决予以除去，此时即认为其有受确认判决之法律上的利益。此时我们可以认为“即受判决法律上的利益”其实就是确认利益的具体化。在本书中，确认利益等同于正当利益、法律上的利益以及即受判决法律上的利益，后三者是前者在不同情形下适用的具体化。

确认利益的认定会受到法官个人因素的影响，可能会因法官个人素质、生活经历以及价值观念的不同而作出的认定结果存在差异。在案件的审理中，很多时候法官需要根据个案的具体情况，个别地作出原告是否有确认利益的判断。需要指出的是，无效率的利益、无实益的利益、滥用的利益、未成熟的利益、失效的利益、被抛弃的利益皆不能成为确认诉讼或确认判决中的确认利益。

二、确认利益与行政诉讼确认判决的关联

在确认诉讼中，确认利益受到格外的重视，原因在于如果没有确认利益作为“过滤器”、不对确认诉讼进行必要限制，则任何行政事项皆可向法院提起确认诉讼，法院恐怕不能承受

其重。为防止滥诉,只有行政诉讼原告有确认判决之法律上利益时方可提起,即原告必须说明其具有所要求确认的利益。与此对应,法院只有在确定原告具有确认利益时才能作出对应的确认判决。可以说,确认利益的存在是确认诉讼之根基,是确认判决作出的必备条件,无确认利益则无确认诉讼的必要和无确认判决存在的可能。

不同类型的确认判决的确认利益不同。在确认法律关系判决的实体要件中,原告在确认诉讼中必须具备急迫之利益,即实体判决要件主要有时间上的紧迫性和利益保护的正当性两个方面的要求。只有在法律关系有争议或者原告可主张其权利受到行政行为损害时,原告才具有确认利益。而且,如果没有法院的确认判决,原告的权利将处于危险状态,始得认为有即受确认的正当利益。法院对正当利益的判断,要综合行政诉讼的基本原则、法律行政法规的规定以及应当保护的价值等方面进行考虑。在确认将来法律关系的判决中,对原告的确认利益应当进行严格审查,因为此时行政行为尚未形成,过早的司法介入将会干扰行政机关的正常运作或者引发不必要的诉讼。

确认行政行为违法判决中,当事人认为其权利或者法律上的利益有遭受侵害的危险,该危险来自已经执行完毕或者因被撤销等原因而消灭的行政处分,继而想通过法院确认该行政处分违法而除去该危险。法院作出行政行为违法的确认判决须确认原告一方当事人具有确认利益。当然，在原告一方提起行政处分违法的确认诉讼时，也必须具有确认的利益，以此避免当事人滥诉。关于确认违法诉讼或判决中的确认利益，德国公认的利益类型包括四种，即重复危险型利益、恢复名誉型利益、判决先例效力型利益、基本权利侵害型利益。①

在确认效力的判决中，原告的确认利益必须是通过法院的判决可以消除的、由于无效的行政行为导致的、心理上或者物质上的损害，并且通过确认判决，原告的法律地位在一定程度上会得到改善，否则法院的确认判决就不是必要的。

我国2017年《行政诉讼法》规定了确认判决，这一判决类型的建立弥补了行政诉讼司法判决的不足，在司法实践中起了极其重要的作用，但需要注意的是，对确认判决的适用要注意确认利益这一要件。防止确认判决的误用和滥用，尤其是在情况判决和确认将来法律关系的判决中，这一要件始终发挥着“过滤器”的作用。

---

① 基本权利侵害型利益是某行政处分的不利影响已经威胁到诉讼当事人基本权利的实现，因而有必要对行政处分是否违法进行根本澄清。

第二节　权利无漏洞保护理论

一、权利无漏洞保护理论概说

权利是指一种受法律保护的、享有特定利益的法律上的实力，它要求法律必须以其实力保护权利的可实践性。[①] 但凡能称为受法律保护的权利，就必须为其设置实现路径以及当权利受到其害之后的救济路径，否则此权利并非真正意义上的权利。但凡称为权利的，须能够实现，权利也必须受到规制，“自由”与“规范”是统一的。只有对权利的实现途径与权利受损害时的救济途径都进行规定，权利方能为人实际享有。

权利无漏洞的保护，顾名思义，权利不仅要受到法律的保护，而且保护是无漏洞的，即法律提供的权利救济是完整的、连续的、无遗漏的，每个环节或部分之间是没有空隙的，此又称为有权利必有救济。法律不仅要为其保护的权利提供过去的、现在的，以及将来的保护，而且提供的救济方法和救济手段必须是适当和可行的。因为权利必须被实现才有意义，躺在纸上的权利无法称为权利，即是无意义的存在。正如美国

① 参见关保英：《论行政法中行政权力的维度》，载《东方法学》2011 年第 6 期。

学者 C. H. 麦基文所言："如果无人维护权利，在法律中确立权利将是毫无意义的。"①

二、权利无漏洞保护理论与行政诉讼确认判决的关联

法律赋予权利一个重要的内涵是权利的可实践性，并以法律条文本身为躺在纸上的权利转变为现实的权利提供"背书"，即法律为权利设置了救济制度，以此来确保权利的强行实现。由"法律恒须规定救济"可知，权利设置之后必然伴随与之对应的救济制度，且配置的救济制度必须有效，任何无效的救济措施等同于没有提供救济。② 在救济制度的保驾护航之下，权利得以实现，法律也方能得到彻底的贯彻落实。在现代的行政管理活动中，相对人的权利被侵权的情形更为常见，由于行政权的强大性与公益性，相对人一方只能对其先行顺从，嗣后再寻求救济，并且法律严禁行政相对人寻求私力救济，救济的途径仅限于行政途径或司法途径，即通过法院之裁判来填平其受损害的权利。在"高权行政"之下，权利受损害的相对

① ［美］C. H. 麦基文：《宪政古今》，翟小波译，贵州人民出版社 2004 年版，第 187 页。

② 参见赵宏：《主观公权利、行政诉权与保护规范理论——基于实体法的思考》，载《行政法学研究》2020 年第 2 期。

人,更愿意通过提起行政诉讼来保护或救济其权利。由于所有的高权措施原则上均具有司法的可审查性,法院对公权力之下的行政行为的审查是全面的审查,这就要求法院必须去审查行政权力的裁量空间以及评价空间。无漏洞的权利救济含义之一就是任何具体的行政之争议,皆为法院裁判之对象,并经历法院审查结出判决的果实。①

行政诉讼判决体系之下涵盖撤销判决、给付判决和确认判决三大类别,确认判决出现较晚,其作用范围为撤销判决和给付判决无法企及之地,弥补判决体系的空白之处。可以说在行政判决体系中增加确认判决,为法院给行政相对人提供救济增加了“武器”,因为虽然绝大多数行政案件可以适用撤销判决和给付判决,但是鉴于行政案件的复杂性和多样性,上述判决类型仍有力所不能及之处,此时恰恰需要确认判决来填白。

具体而言,由于行政诉讼所提供的救济多数为事后的救济,是尽力排除不法侵害的救济或对已经造成的损害作出补救或赔偿的救济,因而具有滞后性。这就决定了行政行为一旦造成损害,即便能够进行补救,也是事后的,行政行为造成

① 参见张福广:《德国行政判断余地的司法审查》,载《行政法学研究》2017 年第 1 期。

的“已经发生的损害”，无论如何都是对社会资源的一次破坏。若法院对行政行为作出之前的法律关系能提前介入并进行确认，就能减少权利损害发生的可能性。但法院提前介入行政法律关系是有条件限制的，即只有对于公民的某些特别又重大或不可恢复的权利，法院才能提前进行确认并可以对此作出相应的判决，以此来防卫行政不法侵害，避免损害的发生。在确认法律关系的判决中，法院不仅可以对过去和当前有争议的法律关系进行确认和澄清，也可以对未来的权利义务关系进行确认。当然，法律应当严格限制此类救济之范围，以权利具有重大性、急迫性和不可恢复性为适用确认法律关系的要件来限制滥诉的发生。此时确认法律关系的判决不仅为公民将来的权利提供了保护，而且该保护具有及时性。完整的权利保护体系包括对过去的、现在的、未来的权利进行保护，①而对将来的权利义务关系进行确认，是因为此时行政机关尚未作出行政行为，无法适用行政诉讼其他判决类型，所以法院要想为权利提供及时有效的保护，只有适用确认法律关系的判决。

确认违法判决中的确认行政事实行为违法判决，其中行

① 参见陈伏发：《无漏洞救济视角下的行政诉讼受案范围》，载《法律适用》2012年第2期。

政事实行为由于缺乏行政机关法律上的意思表示,①既不能被撤销也不能被变更,一旦作出即为一种客观存在,对它的评价只能适用确认违法判决,而排除撤销判决及其他行政判决的适用。如若不存在确认违法判决,当行政事实行为违法且造成相对人权益损害时,则相对人的权利无法得到保护,或者说权利的保护体系存在漏洞。同样还有确认无效判决,在超过诉讼期限且被诉的行政行为无效的行政诉讼中,只有确认无效判决能够为原告提供救济,撤销判决以及其他判决无用武之地,因为无论是撤销判决还是给付判决的适用,它们所对应的诉讼都存在诉讼期限的问题。

权利无漏洞的保护理论为确认判决的适用提供理论基础,是其存在的依据之一。同时法院通过确认判决为原告方的权利提供保护,又实践了该理论。二者有一定的依存关系。

第三节　司法最终解决原则

一、司法最终解决原则概说

从国家机关之专有权力的角度,可将司法最终解决原则

---

① 参见汪厚冬:《论行政法上的意思表示》,载《政治与法律》2014 年第 7 期。

解释为:“法院在依法独立行使审判权过程中,对刑事、民事、行政等案件享有的最终审查、最终评判、最终裁判之权力。”[①]简言之,法律纠纷原则上只能由法院作出终局裁决。司法最终解决原则,不仅包括出现争议须由法院来作出裁判这一层含义,还包括司法裁判要最终消除争议,即解决纠纷。法院利用司法权的权威性与公信力,为公民的权利提供最后的救济。[②] 在法治社会里,人与人之间的冲突最终必须以司法的方式解决,司法就是防止矛盾和冲突激化的终端出口。[③] 司法最终解决原则已经为现代法治国家所确认,成为一项基本原则和惯例。只有坚定司法最终解决原则,司法权才能最大限度地制约行政权,才能更好地监督行政机关依法行政。

基于行政机关在行政管理活动中,与行政相对人之间不平等的关系,即手握行政优越权的行政机关处于管理地位,而行政相对人在此管理活动中处于被管理的弱势地位,由于任何权力都有被滥用的可能,所以需要借助外界力量对行政机关的行政行为进行监督和制约,法院的中立审判权就是这种外界力量之一。这就意味着,行政相对人可以就一切类型的

---

① 刘松山:《人民法院的审判依据》,载《政法论坛》2006 年第 4 期。

② 参见吴俊:《论司法最终解决原则——民事诉讼的视角》,载《法治论坛》2008 年第 1 期。

③ 参见孔繁华:《行政诉讼基本原则新辨》,载《政治与法律》2011 年第 4 期。

行政争议提起诉讼，法院可以就受案范围内的行政争议，作出具有终局效力的判断。

二、司法最终解决原则与行政诉讼确认判决的关联

在行政诉讼确认判决所有的判决形式中，最能体现司法最终解决原则的当属确认无效判决。在理论上，由于无效行政行为自始无效、当然无效以及绝对无效，其赋予公民对无效行政行为的抵抗权，也即公民对无效行政行为可以不予理睬，无视其存在。但在实践中令人困惑的是，行政行为是否无效，其判断标准是清晰的，但此标准具体到个案中又是模糊的。所以作为普通公民的当事人对无效行政行为的认知与判断存在错误的可能。当事人对无效行政行为抵抗存在难以把控的风险，将行政行为是否具有公定力的判断权给予民众的做法不可取。事实上，对行政机关之行政行为的违法性判断，还需要上级行政机关的检验或者法院的审查。① 因为在行政审判之中，用国家的审判权去判断行政行为的效力并对其作出具有权威性的判决，相较于公民个人对行政行为效力的判断更

① 公民在法定期限内诉请法院确认行政行为无效才是明智之举。参见[德]哈特穆特·毛雷尔：《行政法学总论》，高家伟译，法律出版社2000年版，第254页。

准确、更牢靠、更值得信服。除此之外，给予相对人对无效行政行为的抵抗权，无异于以行政相对人之卵攻击行政机关之石，会使相对人陷入极度危险的境地。因为一旦相对人错用了“温柔的抵抗”，那么他将会承担妨碍公务、赔偿损失等相应责任。所以只有国家的审判权对行政行为的判断与评价对公民来说才是最安全的，即司法最终解决原则更好地阐释了确认无效判决的正当性以及允当性。

另外，对行政事实行为的违法性进行确认的最终目的则是行政赔偿，单纯的事实行为违法还不足以法院对其作出判决，还要有权利的损害，至于权利被损害的程度及是否应当赔偿、赔偿多少均需法院对此作出判决。因为行政机关作出行政事实行为无法律意思之表示，所以对行政事实行为违法与否的判断的难度大于对行政法律行为的判断，对行政事实行为是否违法的判断权也只能交给法院，并且笔者认为对行政事实行为作出违法确认，是后续进行赔偿的前提条件，因为即便提出赔偿诉讼，法院也需先对行政事实行为的违法性作出判断，所以原告应提出“确认违法诉讼＋附带赔偿请求”。

至于对将来的法律关系是否应该被确认，其判断权也只能由法院来行使。由于实际的损害尚未发生，不能直接向行政机关提出赔偿等。权利义务关系是否有确认的必要以及法律地位是否应被提前澄清，皆需根据确认利益是否重大而紧追来确定,故唯有法院能对此作出不偏不倚的判决,对矛盾和纠纷作出有效的回应和交代,且法院作出的判决具有最高的权威性。

第四节　分权制衡原则

一、分权制衡原则概说

将国家权力进行划分,分给不同的部门来执行,是各个国家和地区的普遍做法,其背后的理论支撑是分权制衡原则。“分权”是实现“制衡”的前提和基础,没有“分权”这个前提,就不能形成“制衡”的格局,“制衡”是“分权”的目的和结局。[①] 制衡也应有范围和分寸,制约理应尊重,制衡还应维持分权,制约之力绝对不能破坏制约对象在法律上的独立性。各个权力机关相互牵制和监督,公民的权利因此受到保护。司法权之所以被贴上公正的标签,原因在于它是中立裁判,在对立的原被告之间无利益之偏向方,只根据事实和证据作出裁判,不受制于任何人。当然,我们这里所说和所追求的公正是法律

① 参见景跃进:《中国特色的权力制约之路——关于权力制约的两种研究策略之辨析》,载《经济社会体制比较》2017 年第 4 期。

层面的公平和正义。司法权、行政权在权力的体系内是平等的，二者各有分工，各司其职。在行政审判中，司法权的主要功能是通过裁判，对行政权进行监督，为行政相对人提供权利救济。所以在行政诉讼中，法院可以对行政行为进行撤销、变更或确认行政行为违法或无效，以制约行政权的妄为和滥用。法院对行政机关行为的监督主要体现在，法院审查行政行为的合法性，对行政行为有消极否决权。

二、分权制衡原则与行政诉讼确认判决的关联

司法权对行政权的监督主要体现在判决上，而且在确认判决中体现得较为完整。作出确认判决的目的在于，对违法或无效的行政行为作出权威性的确认，使不确定的法律关系以及权利义务关系处于确定的状态，以约束行政机关的行为。[①] 对尚未发生的行政行为所涵摄的法律关系可以作出预防性确认判决，对行政事实行为可以作出“确认违法 + 赔偿”判决，对超过起诉期限的无效行政行为可以作出确认无效判决，而这些都是撤销判决和给付判决的作用力之“空白”范围。

① 参见王贵松：《行政诉讼判决对行政机关的拘束力——以撤销判决为中心》，载《清华法学》2017 年第 4 期。

之所以说确认判决较为完整地反映了司法权对行政权的监督与制约，原因还在于，对于已经被行政机关改变的行政行为所覆盖的原行政行为，若原告存在确认利益，法院依然可以对其进行审查和监督，作出确认违法判决。在行政机关履行不能的情形下，也可以对行政行为作出确认判决。这样，法院不仅能对行政行为进行监督，还能对行政不作为进行监督与制约。分权制衡原则是确认判决产生的理论基础，而确认判决也将分权制衡原则体现得“淋漓尽致”。

第三章 行政诉讼确认判决的应然定位及其适用

在行政诉讼的判决体系中，每种判决类型都有自己的适用范围，有自己的“一亩三分地”可耕种。但是自己的“一亩三分地”和别人的“一亩三分地”并不总是边界明晰、彼此分明的，有时可能存在交叉重叠。正如，一袋玉米种子既适合在“A 地”中生长，也可以在“B 地”中生长，但是相比来说，“A 地”更肥沃，日照更充足，更适合玉米生长，那么种子就会选择在“A 地”生根发芽，也就是说，对玉米种子而言，“A 地”具有优先适用的优势。但是“A 地”的优势地位不是一成不变的，若将玉米种子换成荞麦种子，且荞麦种子只能在“B 地”存活，那么对荞麦种子来说,“B 地”就是其生存发展的唯一选择。

第一节 行政诉讼确认判决的传统定位

一、行政诉讼确认判决的补充性地位

传统的观点认为,行政诉讼确认判决在整个判决体系中的定位就是补充性的、备位性的,只有在特别的情况下(在确认无效判决中)才例外地否认其补充性地位。① 所谓判决的补充性,就是在特定的行政诉讼事件中,本应采取某一特定的判决类型,但通过适用该判决类型不能达至诉讼的目的,或达到诉讼目的付出了较高的代价,须采取其他的判决类型,此时所采取的后一种判决类型即具有补充性,②即只有其他判决类型不能或不宜提供救济的时候,确认判决才是必要和适当的,即撤销判决、给付判决优位,而行政诉讼确认判决是处于备位性与辅助性地位。

确认判决之所以被传统观点定位为补充性的地位,没有

---

① 参见黄涧秋:《行政诉讼确认无效判决的法律适用评析——围绕新〈行政诉讼法〉第 75 条展开》,载《法治研究》2016 年第 5 期。

② 梁凤云法官也对补充性作出了阐释,补充性意味着只有在其他判决类型不能提供救济的时候,确认判决才是必要和适当的,即撤销判决、给付判决优位。参见梁凤云:《不断迈向类型化的行政诉讼判决》,载《中国法律评论》2014 年第 4 期。

被法官偏爱和重视，亦有缘由。一方面，确认判决不具有消灭、变更行政行为的效果，既不能直接消除公权力行为所造成的损害，也不能直接课予行政机关特定的给付义务，更不能有效实现当事人特定的实体法请求，只是对行政行为作出违法性的宣告。相对而言，撤销判决和给付判决，是对行政行为的改变或者促使其改变。撤销判决具有撤销行政行为的作用，即通过撤销判决将社会秩序恢复到行政行为作出之前的状态。给付判决具有执行力等作用，可令行政机关履行一定的义务或行为或者给付原告一定的金钱等。在现代社会，判决的宗旨是解决纠纷、对民众权利进行司法救济。所以对权利救济的程度也即判决的“有效性”，能否最大限度地实现对权利的保护，已成为确定各类判决顺序优先与否的关键。[①] 撤销判决和给付判决对公民的权利保障更为有利、全面、彻底，基于纠纷的一次性解决等考虑，法院应当优先选择适用这两种判决类型。[②] 由此可见，确认判决具有明显的补充性特点。另一方面，确认判决的确认功能往往隐含于撤销判决或给付判决之中。[③] 因为任何撤销判决和给付判决，首先要对法律关系

① 参见刘练军：《司法效率的性质》，载《浙江社会科学》2011 年第 11 期。

② 参见黄锴：《行政诉讼给付判决的构造与功能》，载《法学研究》2020 年第 1 期。

③ 王贵松也认为撤销判决具有确认违法的功能。参见王贵松：《论我国行政诉讼确认判决的定位》，载《政治与法律》2018 年第 9 期。

是否存在、行政行为的合法性等进行判断。易言之，仅仅适用确认判决只能满足原告的一部分诉讼请求，而不能为原告提供一次性的、完整的解决当事人之间争议的办法或者确认判决无法完全恢复原告被损害的权利。基于诉讼经济的考量，优先适用撤销判决或给付判决。此时，确认判决就处于补充性地位，是撤销判决、给付判决不能适用情形下的"补充性手段"而已。

二、域外确认判决补充性之定位及例外

在德国，从其关于确认诉讼的规定中可以窥探出对确认判决的定位。从德国《行政法院法》第43条第2款规定①可以看出，若当事人能够提起形成诉讼或者给付诉讼，实现其权利或者权益能够得到救济时，须优先提起形成诉讼或给付诉讼来维护权益，而不能提起确认诉讼。易言之，确认诉讼相对于形成诉讼或者给付诉讼，具有补充性、备位性，而形成诉讼和给付诉讼具有优位性，确认诉讼与其他类型诉讼之间存在诉讼顺位的问题。由于德国严格遵循诉判一致，

① 德国《行政法院法》第43条第2款规定："原告的权利通过形成诉讼或者给付诉讼得到实现或可能得到实现的，不得提起确认诉讼。但是，请求确认行政行为无效时，不在此限。"

又有禁止诉外裁判等规则，所以从确认诉讼的定位中可以看出确认判决也处于补充性、备位性的地位。由上可知，在德国，除确认无效判决外，确认法律关系的判决和确认违法判决处于补充性、备位性之地位。日本关于确认判决的规定是：确认法律关系诉讼的判决、确认不作为违法诉讼的判决以及确认无效诉讼的判决均处于补充性的地位，只有关于确认无效的诉讼是集补充性与专属性于一体。在一般起诉期内的诉讼，无论是可撤销的行政行为，还是无效的行政行为，均可适用撤销判决，即只有在撤销诉讼、课予义务诉讼等无法提起时才能提起确认无效诉讼。① 一般诉讼期外的无效行政行为的诉讼为专属性的诉讼，只能适用确认无效判决。②

确认无效判决之所以成为补充性原则的例外，原因在于它是对行政行为的完全否定。它与撤销判决、给付判决均为相对人权利提供了较充分的救济，确认无效判决救济的效果丝毫不亚于撤销判决。

① 只有必须通过确认无效诉讼方能提供救济时，才能提起无效确认诉讼。

② 参见江利红：《日本行政诉讼法》，知识产权出版社 2008 年版，第 499 ~ 502 页。

第二节　行政诉讼确认判决传统定位的纠偏

之所以对行政诉讼确认判决的定位进行纠偏，是因为在整个行政判决体系中，确认判决有处于补充性地位的适用情形，也有处于专属性地位的适用情形。而只有厘清确认判决在哪种情形下处于补充地位、哪种情形下处于专属性地位，才能更好地谈其适用。处于补充性地位的确认判决应与撤销判决、履行判决相配合，优先适用撤销判决和履行判决，更好地保护原告一方的合法权益。这时，只有撤销判决、履行判决无法适用或不宜适用，方可适用处于补充地位的确认判决。而对于处于专属性地位的确认判决来说，在具体的案件中，如果符合其适用情形，就不再考虑其他判决类型而对其直接适用。无论处于何种地位的确认判决，设计其判决形式的初衷必然是为了解决行政纠纷、为原告提供救济，但确认判决所处地位不同，其适用时的要件也不尽相同，因此须对其进行准确的定位，以使其在具体案件适用时具有适当性，如此方能较好地达到建立和完善该判决形式的目的，更好地发挥其解决纠纷和处理争议的作用。确认违法判决中的情况判决处于补充地位，因此在具体的案件中要优先考虑适用撤销判决，当撤销判决无法适用或不宜适用时，才能适用情况判决。但是在实践中，情况判决的适用与其所处的补充地位并不匹配。一般情况下，只要在具体的案件中牵扯到公共利益，必然适用情况判决，而使得撤销判决处于"补充、备位"的地位了。因此，对其进行定位、强调和纠正，并在此基础上厘清其适用的要件实属必要。

一、各种判决类型之间的关系

行政诉讼各种判决类型之间存在排斥关系、转换关系、交错关系、结合关系、补充关系等。[①]

（一）各种判决类型之间的排斥关系

各种判决类型的形成，本质上就含有排斥的关系。换言之，对于一定的诉讼标的、诉讼原因与救济目的，仅能有一种最适合的判决类型以兹救济，而不能亦此亦彼，使法院存在选择的困难。判决类型之间的排斥关系，除基于各判决间的分工与合作以外，主要是基于诉讼经济的考虑。因此，即使有两种或两种以上的判决种类可供选择，如果其中之一最符

① 参见林俊盛：《论行政诉讼起诉期限的适用范围——以行政诉讼类型化为视角》，载《甘肃行政学院学报》2012 年第 6 期。

合诉讼经济的要求，立法就应明确规定排斥其他判决种类。处于排斥关系的判决类型，最能彰显判决的专属性，即每种判决都有其专属的、闭合的适用空间。如于一般起诉期限之外的确认无效诉讼的确认无效判决与撤销判决、给付判决为排斥关系；确认行政事实行为违法与撤销判决、给付判决同样也为排斥关系。但由于行政诉讼所面临的纠纷是非常复杂的，现有的判决类型不能符合权利保护完整性的要求时，相互独立的、处于排斥关系的判决难免会有力所不及之处。因而，各种判决种类之间所出现的交错关系、选择关系、转换关系或替换关系、结合关系与补充关系等就会被允许。

（二）各种判决类型之间的转换关系

行政诉讼判决体系的构建应当注重不同类型的行政判决之互补性，在各有分工的基础上，形成无缝衔接的判决体系。所以在一些比较特殊的情况下，基于法院的能动性、利益的权衡性、行政案件的复杂性以及客观情况的变化，判决类型之间应当能够相互转换，如基于国家利益等利益的衡量，法院作出确认行为违法的判决。[①] 此情况之下，确认违法判决是由撤销

---

① 如我国2017年《行政诉讼法》第74条第1款第1项规定的确认违法判决，又被称为情况判决。

判决转化而来的。

（三）各种判决类型之间的交错关系

由于立法技术或文字语义的先天缺陷，各种判决适用要件与效果间存在部分重叠或交错情况，这种交错与重叠通常仅有部分重叠，这种情况下，法院可以择优选取其中一种判决，以解决两种行政判决类型部分重叠的问题。如广义的确认违法判决与撤销判决、给付判决存在重叠关系。因为无论撤销判决还是给付判决，首先应确定行政行为违法，其次才能对行政行为进行撤销或促使行政机关履行义务。狭义上的确认违法判决与撤销判决、给付判决等也存在重叠的交错关系，如行政程序轻微违法，既可能适用确认违法判决，也可能适用撤销判决。对于行政机关不作为，法院既可能作出确认违法判决，也可能适用履行判决，至于法院最终选用哪种判决类型，则要根据案件的情况进行具体分析。

（四）各种判决之间的结合关系

在有些情况下，可能既无判决类型的排斥关系，也无判决类型重叠或交错关系。当一种判决类型的适用难以满足原告的诉求，无法完整地保护原告的合法权益时，即作出一种判决类型，将造成权利保护的漏洞时，必须结合两种或两种以上的判决，才能填补此类空隙。如“确认判决+赔偿判决”“撤销判决+重做判决”。在我国具体行政行为违法并伴随执行完毕且给相对人造成了财产损害的情况，法院只能作出“确认行政行为违法判决+赔偿判决”，此时的行政赔偿以确认行政行为的违法判决为先决条件。

（五）各种判决之间的补充关系

通常认为，在行政诉讼各种判决类型中，确认判决相对于其他判决，具有后备性或补充性。换言之，除非撤销判决、给付判决等无法为原告一方当事人提供救济时，才会考虑确认判决的适用。之所以会产生各种判决种类的补充关系，主要是出于一次性解决纠纷的考虑。通常情况下，撤销判决和给付判决能够为原告一方提供更彻底的救济，但是矛盾具有特殊性，还要具体问题具体分析，也存在一些案件，只有适用确认判决，才能对原告更有利，更能解决纠纷，保护原告的合法权益。

二、行政诉讼确认判决与其他判决类型的关系

除应研究各种判决种类之间可能出现的关系之外，更重要的是探讨每一种判决类型与其他判决类型之间的关系，对

确认判决与其他判决类型关系的研究亦是如此。本部分着眼于厘清确认判决与其他判决类型之间的关系，目的在于为法院选择正确的判决类型从而作出科学的判决提供依据。

行政诉讼确认判决有多种分类，按确认判决的对象可将其分为行政行为的确认判决和行政法律关系的确认判决。其中行政行为的确认判决又分为确认违法判决和确认无效判决，二者的区别在于行政行为违法的严重程度不同，进而在适用对象、起诉期限、证明责任等方面也不同。本章研究的确认判决与其他判决类型的关系就分为确认法律关系的判决与其他判决类型的关系、确认违法判决与其他判决类型的关系、确认无效判决与其他判决类型的关系以及在确认判决内部确认法律关系判决、确认违法判决、确认无效判决之间的关系，接下来一一论述。

（一）确认法律关系的判决与其他判决类型的关系

由前文可知，确认法律关系的判决系指法律关系存在与否由法院予以确认的判决。根据案件的具体情况，法院既可以作出确认法律关系存在的判决，也可以作出确认法律关系不存在的判决。从广义上来讲，任何行政诉讼的判决都离不开对行政法律关系的确认，从狭义上来说，行政诉讼确认法律关系的判决，仅仅对原告与行政机关之间的法律关系进行确认，而不对行政机关的行政行为等进行评价。就本书而言，仅仅探讨行政诉讼中的狭义的确认法律关系的判决。

1. 确认法律关系的判决与撤销判决、给付判决的关系

通常认为确认判决对原告一方权利的救济程度亚于行政诉讼的撤销判决和给付判决，[①]由此基于诉讼经济的原则和纠纷一次性解决的目的以及避免司法资源浪费的考量，若撤销判决和给付判决能对原告提供更有力的权利保护，则撤销判决和给付判决优先适用，即确认法律关系的判决相较于其他判决处于备位性地位。如行政机关负有发放抚恤金的义务，但超过规定的日期还未将抚恤金发放，此时未落实该抚恤金待遇的公民若提起诉讼，法院仅仅对此作出行政机关存在发放抚恤金义务的确认判决是不够的。法院必须作出行政机关在一定时期内向原告发放抚恤金的给付判决，才能够使原告的权利得到圆满、完整的救济。此时确认法律关系的判决相较于给付判决就处于备位性地位。

确认法律关系的判决处于备位性地位的前提是：适用行政诉讼的其他判决类型能更好地解决行政纠纷，维护原告的合法权益。但若基于种种原因，能更好地解决纠纷的其他判决无法适用，即缺乏这个前提条件时，上述确认法律关系的判

① 参见江伟、肖建国：《论判决的效力》，载《政法论坛》1996 年第 5 期。

决的备位性地位就无从说起，即缺乏上述条件，确认法律关系判决和撤销判决、给付判决无先后和优劣之分。如前所述，无论是撤销判决还是给付判决，都是法院对行政机关的行政行为作出的评价，当然也包含对行政行为所含涉的法律关系作出认定。但是，若行政行为不存在或行政行为不成立或行政行为尚未作成的情况下，撤销判决和给付判决为原告一方当事人提供救济的可能性为零。此时若原告提起诉讼，法院为之作出的判决只能是确认法律关系的判决。原告此时提起行政诉讼的目的仅仅是也只能是：让法院对法律关系存在与否进行权威性的澄清。那么在此种情况下，确认法律关系的判决并不处于备位性的地位，而和撤销判决、给付判决是排斥关系，与它们并列地处于同等地位，此种情况下，确认法律关系的判决的适用是排在第一顺位的，是最适合、最恰当的。

由前述可知，确认法律关系的判决与撤销判决、给付判决的关系并非一成不变，在某些情况下，确认法律关系的判决也可能是唯一可供选择的判决类型。因此“确认法律关系的判决处于备位性地位”的论断是不严谨的，是失之偏颇的。

那么，在什么情形下，确认法律关系的判决处于备位性地位呢？又在什么情况下，排除确认法律关系的判决的备位性地位而使其成为唯一可供的选择，成为专属性判决呢？在部分案件中，当确认法律关系的判决与撤销判决、给付判决的功能部分重合,并且确认法律关系的判决之功能可以被撤销判决或给付判决所涵盖时,此时的确认法律关系的判决相较于撤销判决或给付判决而言处于补充性、备位性的地位。在部分案件中,如行政行为尚未成立,原告一方当事人仅仅诉请法院确认自己拥有领取抚恤金的资格或权利,此时撤销判决或给付判决无适用的可能性,确认法律关系的判决则成为唯一适当的选择。

总之,一般情况下,就判决的效力而言,确认法律关系的判决的效力因缺乏形成力和执行力而弱于撤销判决和给付判决,确认法律关系的判决对原告权益的救济程度通常弱于撤销判决和给付判决。从诉讼经济的角度看,应优先选择适用撤销判决和给付判决,即当确认法律关系判决的确认功能,被撤销判决和给付判决兼含时,确认法律关系的判决处于补充性、备位性的地位,撤销判决和给付判决处于优位。但是,由于行政诉讼中确认法律关系的判决之适用范围远远广于撤销判决和给付判决的适用范围,即在行政诉讼案件中,有些案件无撤销判决和给付判决适用的余地,那么此时,确认法律关系的判决就是这些案件特有的判决类型。由此方知,确认法律关系的判决的补充性、备位性仅仅是其部分性质的显现,在整个行政诉讼判决体系中,确认法律关系的判决还具备与撤销判决和给付判决处于同等地位的特征,此时各判决类型无优位和辅位之别。

2. 确认法律关系的判决与确认违法、无效判决的关系

确认法律关系的判决是关于行政法上的权利义务关系的判决，而确认违法和确认无效判决是关于行政行为的判决，一般来讲，前者与后两者之间并无交集。[①] 绝大多数情况下，在确认法律关系的判决中，其所确认的"行政法律关系"尚未经过行政机关首次处理，所以在相关行政案件的审判中，并不存在原告与被告直接对抗的利益双方。因而可以说法院对公法上权利义务关系的确认，在性质上并非一个纯粹的司法"判决"，而具有很强的行政性。[②] 而确认违法和确认无效判决针对的是行政行为的诉讼，是原告认为行政行为违法或无效而提起的诉讼。法院经审理作出确认违法或无效判决，原被告双方具有利益的纠纷，存在严格的对抗关系。

值得注意的是，确认行政协议无效的判决与确认行政行

---

① 关于确认法律关系的判决与确认违法、无效的判决之区别，张旭勇作了详细的分析与总结，如首先它们的功能不同，确认法律关系的判决是最终地确定双方的权利义务关系（法律地位），而后者只是对行政行为的肯定或否定，往往不能彻底地解决行为涉及的权利义务纠纷。其次，适用的前提条件不同，前者以原告具有即受一般确认判决法律上的利益为限，后者以具体行政行为无法获得更为有效的救济为前提。此外，确认法律关系的判决与确认无效和确认违法判决在救济的直接性、性质、目的、产生的原理等方面存在诸多的不同。参见张旭勇：《行政诉讼确认判决研究》，载章剑生主编：《行政诉讼判决研究》，浙江大学出版社 2010 年版，第 117 页。

② 参见张旭勇：《行政诉讼确认判决研究》，载章剑生主编：《行政诉讼判决研究》，浙江大学出版社 2010 年版，第 117 页。

为无效判决之间的关系。随着“合作行政”的兴起,政府在越来越多的领域以“行政协议”的方式实行行政管理,“行政协议”改变了行政机关的行政方式,因为协议更多地体现了当事人之间的沟通和协商。由于行政协议存在于某些特定的领域,如征收补偿、特许经营等,行政相对人一方“不放心”行政机关,往往会请求法院来确定行政协议的效力,确定行政协议中双方之间的权利义务关系,以安排后续的工作和生活。此外,还存在另一种情况,在行政协议签订和履行的过程中,双方可能会存在一定的争议和分歧,由于行政机关手握行政优益权,可以在一定程度和范围内变更或解除协议,而“赤手空拳”的相对人一方,则会诉至法院,请求法院确认协议有效、无效、继续履行等。那么此时无论基于哪种情况请求法院确认行政协议效力,即确认行政协议双方之间权利义务关系的存在与否,就是确认协议双方当事人之间是否存在协议所确定的权利义务关系。

导致行政协议无效的原因可能是行政机关的行政行为存在重大且明显违法,也可能是双方在协议的过程中存在民法上的欺诈等因素。若由于前者之因素导致行政协议无效,则确认行政协议无效即确认行政法律关系不存在,此确认法律关系不存在之判决可视为与确认行政行为无效具有同一意义。若由于后者原因导致行政协议无效,则确认行政协议无效的判决即确认行政协议双方权利义务关系不存在的判决，此与确认行政行为无效的判决并无实质联系。

（二）确认违法判决与其他判决类型的关系

1. 确认违法判决和撤销判决的关系

撤销判决是法院经过审理认为被诉行政行为符合撤销判决的适用要件，从而作出撤销该行政行为的判决。撤销判决是一种典型的关于行政行为的判决，且该行政行为仅指行政法律行为，不包括行政事实行为。既然撤销判决是关于行政行为的判决，就可能与确认违法判决发生某些关联。行政法律行为又分为作为和不作为，撤销判决只能撤销行政机关的作为行为，而不能也无法撤销行政不作为行为，所以撤销判决与确认违法判决的关系仅指撤销判决与确认作为行为违法判决之间的关系。

如前所述，撤销判决具有确认违法的功能。撤销判决是行政诉讼的主要判决类型，并且是一种形成判决，一经作出就能形成撤销被诉行政行为的效果，此即为撤销判决的撤销功能。然而，不可忽视的是，撤销判决的隐含功能——确认违法功能。法院作出撤销判决之前首先应确认被诉行政行为是违法的，但根据行政行为的状态和违法程度等因素，仅仅宣告被诉行政行为违法，对原告方权利的救济并不充分，仅仅宣告被诉行政行为违法达不到理想状态,因为确认违法仅具有宣示意义,而只有将其撤销才能达到理想效果。此时行政行为的违法是行政行为被撤销的前提,只是对行政行为违法的评价隐含于撤销判决之中了。

确认违法判决是以确认行政行为的违法性为目的的判决,即确认违法判决仅仅宣布该行政行为的违法性,而不对违法的行政行为作进一步的处理。① 所以对具体行政行为作出确认违法判决时,具体行政行为违法性与有效性是相分离的,一方面法院宣布该行政行为违法,另一方面又保留其效力。具体行政行为违法性以及违法状态需借助于行政机关来纠正或改变。至于对该违法的行政法律行为作出怎样的决定、采取如何的措施,是消除违法行为还是仅修正违法行为,何时采取措施,是否溯及既往地予以消除等,行政机关都有一定的裁量权。为行政机关弹性应对违法行政行为留出余地,是确认违法判决所具有的特征,这种留有弹性应对空间的做法,为行政权和司法权的平衡提供了一种可能。由此点来看,撤销判决比确认判决对行政行为违法性的纠正更彻底,在权利救济上更彰显其充分性。如此一来,就不难得出这样的结论:确认行为违法判决相对于撤销判决而言具有补充性。只有在不能

① 参见蔡小雪:《行政确认判决的适用》,载《人民司法》2001 年第 11 期。

作出撤销判决时，才有确认行为违法判决适用的空间和余地，即在撤销判决和确认行为违法判决可以同时适用时，撤销判决处于优先地位，应优先适用撤销判决。此时确认行政作为行为违法的判决与撤销判决是补充关系。

绝大多数情况下，确认行政行为违法判决是作为撤销判决的补充判决形式出现的，是撤销判决适用不能而法院作出的一种无奈选择。但是值得注意的是，确认行为违法判决的适用，还存在另一种特殊的情形，即情势判决，也称情况判决，此时不适用撤销判决并非撤销判决无法适用，而是基于利益衡量的原则和个人利益服从国家利益的传统，法院此时作出确认行政行为违法判决。此时情况判决的适用带有相对强的主观性，是以牺牲个人利益保全公共利益为条件的，所以在进行利益衡量时要进行严格把控。

行政法律行为还包括行政机关作出的抽象行政行为。规范性文件的制定权隶属于行政机关，由于行政权与司法权各有分工，法院不能对行政行为进行过度干预，因此对抽象行政行为不宜作出撤销判决，只能对违法或者不当的抽象行政行为作出确认判决。此时对抽象行政行为作出的确认判决与变更判决、撤销判决等属于排斥关系。当前，在我国，行政相对人并不能对抽象的行政行为单独提起行政诉讼，而是只能提起规范性文件的附带审查，且即便法院经审查认为该规范性文件违法，也不能对其作出确认违法判决，而只能在判决中不予适用，并可以向制定机关提出司法建议等。

行政机关的行政行为不仅仅包括行政法律行为，还包括行政事实行为。由于行政事实行为的客观性、无行政机关的法律意思表示性以及造成损害的可能性，确认违法判决是唯一可供选择适用的判决形式，所以针对行政事实行为造成损害的救济途径为——确认违法判决。由于确认违法判决只具有宣示性，针对造成损害的行政事实行为，仅作出确认违法判决，其救济程度是不够的，还需要对行政事实行为造成的损害作出赔偿判决。对行政事实行为违法的关注，主要是对其造成的损害后果的关切，应当为其损害后果提供救济。[①] 若行政事实行为虽然违法，但没有造成任何损害后果，那么法律对此是不提供救济的，作为相对人的公民也应对此承担容忍义务。对于行政事实行为违法，撤销判决无发挥作用的余地，只能适用确认违法判决，此时撤销判决和确认行政事实行为违法判决是排斥关系，没有任何交集。

综上，确认行政行为违法判决与撤销判决的关系存在三种情形：

---

① 参见曹海晶、李祎：《试论行政事实行为及其行政赔偿制度》，载《法治研究》2013 年第 5 期。

（1）一般情况下，撤销判决的地位优于确认行政行为违法判决，此时确认违法判决处于补充地位。特殊情形下，如涉及国家利益和公共利益时，经法院进行利益衡量，适用确认违法判决，此时二者依旧为补充关系，只是在此种情况下并非撤销判决无法适用，而是个人利益对公共利益作出了让步。

（2）对于抽象行政行为的违法或不当，撤销判决无适用的可能性，此时它们是排斥关系。

（3）行政事实行为违法只能适用确认违法判决，撤销判决无适用的可能性，此时撤销判决与确认违法判决为排斥关系。

2. 确认行政不作为违法判决和履行判决的关系

行政不作为的概念最初源于给付行政。奉行“最多给付最好政府”的社会法治国时代，即政府的行政范围包括为个人的生存与发展提供各类给付。[①] 所以民众公权逐渐嬗变为以给付行政为中心，于是行政不作为便成为现代行政法上的重要议题。所谓行政不作为是指有作为义务的行政机关，在法定的或合理的期限内不履行行政义务的事实，行政不作为表现为行政机关没有任何行为或实质性的作为。[②] 其

① 参见叶俊荣：《行政法案例分析与研究方法》，台北，三民书局1999年版，第9页。

② 参见周佑勇：《论行政作为与行政不作为的区别》，载《法商研究（中南政法学院学报）》1996年第5期。

有两种表现形式：一是不作出任何行动；二是虽然受理相对人的申请等，但超过期限仍然没有作出任何实质性的决定。

作为的义务主要来源于法律规范、行政规范、行政行为、行政契约、先行行为等。[①] 针对行政不作为，形成了确认不作为违法判决、驳回诉讼请求判决、履行判决三足鼎立的局面，而只有确认不作为违法判决和履行判决具有同在性，即都为原告胜诉的判决，所以确认不作为违法判决与履行判决存在一定的关联性。

履行判决具有确认违法的功能和责令行政机关履行法定职责的功能，由此来看，确认不作为违法判决的功能被履行判决所涵盖。[②] 基于诉讼经济和纠纷一次性解决等原则，在确认不作为违法判决和履行判决能够同时适用时，优先适用履行判决，确认不作为违法判决较于履行判决处于补充地位。

当然，如果作为原告的当事人，仅仅要求法院确认行政机关的不作为之行为违法，并未要求行政机关履行应为之义务，法院则只能作出确认不作为违法的判决，而不能要求行政机关履行作为义务，且原告也不得再就此提起履行之诉。

---

① 参见章志远：《司法判决中的行政不作为》，载《法学研究》2010 年第 5 期。

② 王贵松教授也认为确认不作为违法判决相对于履行判决而言是较为迂回的救济方式，故而，确认不作为违法判决只能是履行判决的补充，也可以说是课予义务诉讼的衍生品。参见王贵松：《论我国行政诉讼确认判决的定位》，载《政治与法律》2018 年第 9 期。

若行政机关的不作为给相对人造成了损害，而相对人也只能以前述违法的判决为前提，提起赔偿诉讼。如果原告提起的是履行之诉，法院认为行政机关的行政不作为确属违法，且没有履行的可能性和必要性，则作出确认判决，而非履行判决。关于行政机关何时需要履行，何时不需要履行，从实质主义的立场出发，存在三重判断标准，即“作为义务源自何处”、“有无现实作为可能”以及“究竟是否已经作为”。①

（三）确认无效判决与其他判决类型的关系

确认无效判决是针对无效的行政行为作出的判决，无效行政行为是较为严重的违法行为以致达到了无效的程度。无效行政行为自始无效、当然无效、绝对无效，理论上来说，任何人都可以无视它、抵制它。但是，如前所述，由于无效行政行为具有行政行为的外观，凭借相对人的常识等可能对行政行为的合法性与有效性判断失误，由此可能使行政相对人陷入不利后果的危险境地，所以对无效行政行为的判断最终还应交给法院，由法院对其作出权威性的评价。由于无效行政行为违法程度较深，已经达到无效的程度，因此法院对此作出确认无效判决。撤销判决和确认无效判决都是对违法行政行为

① 参见章志远：《司法判决中的行政不作为》，载《法学研究》2010 年第 5 期。

作出的判决，只是二者分别对不同程度违法的行政行为作出评价，至于一个行政行为的违法程度究竟是达到了严重到无效的程度，还是仅仅为一般性违法，这在观念上很好区分，但在实践中却是"乱花渐欲迷人眼"，不好作出判断，因此确认无效判决和撤销判决存在怎样的联系，又需要运用怎样的规则或标准来区分是值得我们研究的问题。①

综观世界各国的立法，关于确认行政行为无效判决和撤销判决的关系存在两种立法模式。一种是德国的"严格区分"模式，即重大明显违法的行政行为无效，对此须作出确认无效判决，而对于一般的行政违法行为，尚未达到重大明显违法程度，适用撤销判决。德国采取的是诉讼类型化，因此对确认无效判决问题的追溯可以从确认无效诉讼中得到答案。在德国，确认无效判决对应的诉讼类型为确认无效之诉，德国《行政法院法》第 43 条第 1 款第 2 项规定：通过确认之诉，确认一个行政行为自始无效，从而作出确认无效的判决。德国《行政法院法》第 43 条第 2 款规定，当事人提起确认行政处分无效诉讼，不须具备前述条件就可提起，前述条件则是指确认之诉的提起必须排除撤销诉讼、给付诉讼的适当性。由此可见，在

① 参见赵元成：《行政诉讼撤销判决适用问题研究》，载《黑龙江社会科学》2007 年第 3 期。

德国的立法中，确认无效判决是一种处于专属性地位的判决形式，它不是谁的“备胎”，也不是谁的“替补”，确认无效判决和撤销判决为排斥关系。德国关于确认无效判决的规定传达了这样一种理念：无效行政行为是一种严重违法的行政行为，违法的程度严重到该行政行为没有效力可言。而作为撤销判决对象的违法行政行为，其虽然违法，但违法的严重程度不如无效行政行为那样深刻。作为撤销判决对象的违法行政行为，它在被法院判决撤销之前存在效力，法院作出撤销的目的在于，消除其未被撤销之前发生的效力。

另一种模式是日本的“宽松对待”模式，即在符合确认无效判决的适用要件时，不排除撤销判决的适用。在日本，他们把确认无效判决视为“乘坐了晚了点的公共汽车”的撤销判决，无效确认诉讼作为撤销诉讼的补充诉讼，被定位为“准撤销诉讼”。在日本“宽松对待”的立法模式中，确认行政行为无效判决和撤销判决并不作严格区分，在起诉期间内，即便行政行为存在重大明显的瑕疵，撤销判决仍然可以适用，因为他们认为，通过撤销判决就可以消除无效行政行为给原告带来的不利后果。[①]

---

① 参见张浪：《行政诉讼中确认无效之诉的问题探讨》，载《法学论坛》2017 年第 2 期。

关于无效行政行为判决的适用，从对行政机关的监督程度来说，德国的“严格区分”模式，会给人这样一种感觉：对无效行政行为作出确认无效判决对行政机关的“打击”更重，“杀伤力”更大，使其更没“面子”，对行政机关的监督更直接、更严格、更彻底。相对而言，日本的“宽松对待”模式，给无效行政行为适用撤销判决留有机会，则会让人觉得，其对行政机关的监督力度不如德国的“严格区分”模式。从对行政相对人的权利救济角度来看，确认无效判决是将行政行为效力视为零，即无效行政行为对相对人的权利不产生任何的损害的作用。而撤销判决是对行政行为效力的全面否定，针对撤销之前行政行为给相对人权利造成的损害依法予以填补。因此，针对无效行政行为，无论适用确认无效判决还是适用撤销判决，对行政相对人权利的救济并无实质上的差别。①

由上述分析来看，笔者以为对行政行为无效作出确认无效判决，当行政行为符合撤销判决的适用情形时作出撤销判决，才能使判决更合理、更清晰、更符合法律的应然要求。但是，值得我们关注的是，对于无效行政行为和可撤销行政行为的区分存在重重困难。究其原因在于所谓无效行政行为具有

① 参见叶必丰：《最高人民法院关于无效行政行为的探索》，载《法学研究》2013年第6期。

重大且明显违法的特征，在此，无论是“重大”还是“明显”都属于不确定的法律概念，将无效和可撤销的行政行为泾渭分明地分出“你”“我”实属不易，造成错误的风险大，而且成本相对较高。[①] 从功利主义的立场看，德国的“严格区分”模式，将行政行为的无效和可撤销作严格区分的实际意义有限。日本的“宽松对待”模式，允许无效行政行为适用撤销判决，这种模糊处理也能满足对行政行为效力进行全面彻底否定的效果，且成本更低。

在日本的“宽松对待”模式下，无效行政行为可以适用撤销判决，这是否意味着确认无效判决无存在的必要？回答当然是否定的，因为无效行政行为适用撤销判决的前提是：当事人提起的诉讼在法律规定的诉讼期间内。若当事人提起诉讼的时间超出了一般的诉讼时效，法院经审查认为，被诉的行政行为为无效行政行为，则只能作出确认无效判决，而不能适用撤销判决。若法院无法辨别被诉的行政行为是无效还是可撤销时，则驳回原告的诉讼请求。若被诉的行政行为为可撤销，但因超过起诉时效，也适用驳回诉讼请求的判决，所以，确认无效判决的意义在于，在超出法定期间的诉讼中，当被诉的行

① 参见赵清林：《论行政撤销诉讼的适用对象——以行政诉讼类型化为视角》，载《政治与法律》2015 年第 2 期。

政行为无效时,确认无效判决为唯一的选择。

笔者倾向于以日本的“宽松对待”模式来判断行政行为的效力,但又不完全同意其对确认无效判决的定位。在起诉期限内,若无法确定行政行为是否达到了无效的程度,则只能对此违法的行政行为作出撤销判决;若依据现有的证据能够查明行政行为确实达到了重大且明显违法的程度,则必须对此作出确认无效判决。笔者反对在能确定行政行为达到了可撤销的程度,但尚未审查其是否达到无效程度的情况下作模糊处理,作出撤销判决,而使确认无效判决处于补充地位。所以,笔者认为确认无效判决是一种处于专属地位的独立判决,不是撤销判决的补充。无论原告在一般起诉期内提起诉讼,还是在一般起诉期外提起诉讼,只要能确定行政行为达到重大且明显违法的程度,就须作出确认无效判决。

三、行政诉讼确认判决之应然定位

随着行政管理活动的日益复杂化和多样化,行政管理的内容也悄然发生着变动,那么就会有更多的行政方式有可能对公民的权益造成损害,如行政事实行为。与此同时,公民对权利的追求也有了更高层次的要求,不仅有对过去被侵害的权利寻求救济的需求,也有对现在正在受侵害的权利寻求保护的需求。除此之外,对于将来可能受损害的权利,他们也期待司法机关的提前介入,防止权益受损,如对未来的权利义务关系进行澄清,对即将到来的法律地位予以确认等。

由前述对确认判决和其他类型判决之关系的探讨可知,确认判决并不总是如传统上对其的定位那样处于补充性、备位性的地位,相反,确认无效判决是补充性原则的例外,确认判决有处于独立性地位的一面。具体而言,在确认法律关系的判决中,确认现在或过去的法律关系的判决是处于补充性的地位,而确认将来的法律关系的判决,是处于专属性地位的独立判决而不是处于补充性地位的判决。确认违法判决中,确认行政事实行为违法的判决是处于专属性地位的独立判决,其余情形的确认违法判决处于补充性、备位性地位。由于无效行政行为的判定标准为“重大”“明显违法”,但二者均为不确定的法律概念,在司法实践中通常难以辨别无效行政行为与可撤销行政行为。在一般的起诉期内,当对被诉行政行为的违法之判定游离于无效和可撤销之间且根据具体的情形,无法辨明行政行为是否达到了重大且明显违法的程度,此时适用撤销判决。而当超出法律规定的一般起诉期时,对被诉行政行为审查后仍然纠结应判决无效还是可撤销时,只能作出驳回诉讼请求的判决。只有能明确断定被诉行政行为无效时,确认无效判决方能适用。而且此时确认无效判决也是原告在超出一般的起诉期限后提起诉讼时唯一可以适用的支持其诉求的判决方式。为了更清楚地展示确认判决和其他判决的关系，明确确认判决的地位，笔者画图（如图 3.1）展示：

- 确认法律关系的判决
  - 对现在或过去的法律关系的确认作出的确认判决→补充性地位
  - 对将来的法律关系作出的确认判决→专属性地位
- 确认违法判决
  - 确认行政事实行为违法的确认判决→专属性地位
  - 确认具体行政行为、不作为等违法的确认判决→补充性地位

图 3.1　不同情形中，确认判决的地位

第三节　新定位下行政诉讼确认判决的适用

之所以颇费周折地论证确认判决的地位，将确认判决细分为处于补充性地位的确认判决和处于专属性地位的确认判决两类，主要目的在于，解决确认判决处于不同地位时司法实践中的适用问题，以下将分而述之。

一、确认法律关系判决的适用

（一）确认的对象为行政法律关系

行政诉讼确认法律关系判决的对象是行政法律关系，行

政法律关系一般被涵盖在法规、合同和具体的决定中，是一种法律上的关系，且此法律关系主要着眼于不具有处分性的行政活动，因其不具有处分性而被排除在撤销判决、给付判决之外。但若确认对象为纯事实问题、先决问题或某一法律关系的非独立部分，则不具有获得确认的能力。[①] 被确认判决所确认的法律关系必须足够具体，基于一个已经可以看清楚的事实基础，就可以预计其对原告权利会产生的影响。此处行政法律关系还要具有法律确认的价值，如某人是否具有一国国籍、某学生是否有学籍，都可以通过确认之诉，由法院作出确认判决进行确认。而某人品质的好坏、素质的高低则不应成为确认法律关系判决之对象。

作为确认对象的法律关系，不以已经发生或现存为限定条件，作为确认法律关系判决对象的法律关系还包括过去的法律关系和未来的法律关系，且判断法律关系是否存在，即权利义务关系是否存在并不限于审查诉讼过程中法律关系的状态，而要审查案件事实发生时的法律关系的状态。

所谓过去的法律关系是指在法院判决时法律关系已经终结，法律关系终结的时间点可能在起诉之前，也可能在诉讼的

① 参见[德]弗里德赫尔穆·胡芬:《行政诉讼法》,莫光华译,法律出版社 2003 年版,第 318 页。

过程中。

未来的法律关系是指以将来的事实为基础发生的法律关系,或者该法律关系所依附的事实已经发生但尚未完成。针对未来的法律关系作出判决,此时法律关系所依附的必须是一项具体的案例事实。

对过去或现在的法律关系进行确认已被接受和认可,但对未来的法律关系进行确认并作出确认法律关系存在与否的判决乃存在争议。从权利保护完整性的角度来说,对未来的法律关系之确认也应被认可和接受,因为预防性确认判决的目的是防止相对人的权利在可预期的未来因某行政行为的作成而受损。

(二)确认利益

确认法律关系的判决或诉讼须具备的要件为原告具有法律上的确认利益。由“我国台湾地区有关行政诉讼的规定”第6条第1项可知,确认判决的作出须具有即受的确认利益,确认判决方为适当。即在确认判决中,原告具有确认利益是必备要件,且在时间上,此确认利益需具备紧迫性。此要件不仅能为原告提供诉讼可能性,也能避免法院沦为法律问题咨询和鉴定的机构。

1. 法律关系被澄清存在必要性

所谓确认利益,其概念也具有不确定性,必须结合具体的案件或案例来界定。它可能是经济上的利益,也可能是观念上的、精神上的利益。此种利益必须是被告能为此提供保护的、通过请求法院确认能起到保护或保障作用的利益。一般而言,原被告对他们之间的权利义务关系存在重要分歧,就有确认利益的存在,因为此时权利义务关系有求助法院进行确认或澄清的必要性。尤其需要注意的是,确认将来法律关系的判决本身就是一种预防性判决,较为前卫,是防止损害发生的一种确认判决,此时的确认利益要求较为严格,法院在选择适用此判决种类时,必须审查当事人提起的确认诉讼是否具有即受的法律上的利益,①而且此种利益必须已经为法律所明确认可,或者按照法律的一般原则、精神可以推定其值得保护。

2. 法律关系被澄清在时间上具有迫切性

确认法律关系的判决作出之前,还需审查原告一方当事人的确认利益是否在时间上已迫在眉睫、是否已达到刻不容缓的程度。至于如何对紧迫作出判断,有赖于法院在个案中综合各种因素进行衡量。② 例如,对某一法律关系,若不进行澄清则存在重复的危险;若不对其法律状况进行确认,对个人

① 参见阎巍:《行政诉讼禁止判决的理论基础与制度构建》,载《法律适用》2012年第3期。

② 参见[德]弗里德赫尔穆·胡芬:《行政诉讼法》,莫光华译,法律出版社2003年版,第318页。

后续的工作或生活会造成影响或对其后续的事情的规划和安排造成影响。如只有确认某收费站不再具有收费的权利,每天从此收费站经过的司机李某就不必再交过路费。对此种利益的保护在时间上须已迫在眉睫,达到了不可不为的程度。

(三)排除其他判决类型的适用

处于专属性地位的确认法律关系的判决,即确认未来法律关系的判决无须满足排除其他判决类型方可适用的要件,因其行政行为尚未作成,撤销判决、给付判决无适用之空间和可能。而处于补充性地位之确认法律关系的判决,经比较与排除,在确定给付判决和撤销判决无法适用或不宜适用的情况下才能适用。如针对行政机关未按时发放抚恤金的情况,如果原告已具备相关资格,则不能仅仅诉请法院确认其具有领取抚恤金的资格,而应请求法院判决发放抚恤金。若原告尚无领取抚恤金资格,则原告只能诉求法院先行确认其具有领取抚恤金的资格,而不能请求法院判决行政机关直接为其发放抚恤金。此时对于后一种情况的确认判决就是排除撤销判决和给付判决后方才适用。之所以这样要求,是因为处于补充性地位的确认判决不及撤销判决、给付判决对原告权利救济得深刻和彻底。因此须优先适用撤销判决和给付判决,发挥它们的优势和长处。只有在撤销判决和给付判决无法适用或者不宜适用的情况下，才能适用处于补充性地位的确认判决。如此，方能将处于补充性地位的确认判决与撤销判决、给付判决配合适用，发挥合力作用，最大限度上解决行政争议、救济原告权利。

二、确认违法判决的适用

（一）确认对象为违法的行政行为

确认违法判决和确认无效判决的对象均为行政行为，包括行政作为和行政不作为。确认违法中的行政行为仅仅是违法但尚未达到无效程度的行政行为。情况判决中作为判决对象的行政行为，事实上达到了可撤销的违法程度，但因公共利益等因素，法院决定对此作出确认违法判决。确认行政程序违法判决中的行政行为的违法程度也达到了可撤销的程度，但因对原告权利未造成实质性损害，所以也对其作出确认违法判决。对继续确认之诉作出的确认违法判决，其行政行为也属于违法行为，因为违法的行政行为被行政机关先于判决而自觉地、主动地撤销或变更，此时，行政行为已经不存在，所以对此只能确认其违法。对于行政不作为之行为，其不作为就是一种违法的行政行为，即便再行命令行政机关作为也无意义，所以只能确认其不作为行为违法。确认行政机关作出的行政事实行为违法，其事实行为虽然无行政机关的意思表示，但却没有以恰当的方式作出，且违法的事实行为造成相对人权益的损害，所以对此作出确认违法判决是进行行政赔偿的前提。

(二) 确认利益

在确认违法判决的众多适用情形中，继续确认之诉对应的确认判决，尤其强调原告须有确认利益，其原因在于，当原告提起撤销诉讼之后，在案件审理的过程中发现被诉的行政行为已经因被撤销、变更等原因而消解，事实上，被诉的行政行为已经不存在。一般而言，被诉的行政行为都是现实存在且有效的行政行为，不允许对已经消灭、不存在的行政行为再行诉讼，若原告仍然坚持对此行政行为继续诉讼，要求确认该行政行为违法，则需原告具有继续诉讼的确认利益。此时的确认利益必须为法律所保护的利益，如行政机关很有可能重复作出相同的行政行为，再度对原告的权利造成威胁，即具有重复的危险；或者因该违法的行政行为，原告的权利已经受到损害，需对此行政行为进行确认，为后期的申请赔偿做准备；或违法的行政行为虽然已经执行完毕或消解，但因此而造成的影响并未完全消除等。

对行政事实行为作出确认违法判决并非当事人提起诉讼的目的,其目的是获得因违法的事实行为造成的损害的赔偿。因此,对违法事实行为的救济主要体现在对其损害的救济上。此处所指的合法权益的损害赔偿,就是作出确认行政事实行为违法判决的确认利益和价值所在。若行政事实行为没有造成相对人权益的减损,则不具有作出确认违法判决的确认利益,当事人对没造成任何损害的违法行政事实行为负有容忍义务。

(三)排除其他判决的适用

确认违法判决包含的情形较多,因欠缺行政机关的法律意思表示,故不能对行政事实行为提起撤销诉讼和给付诉讼。所以,对行政事实行为违法,无须排除撤销判决和给付判决的适用,可以径直适用确认违法判决,由此,确认违法判决的适用具有专属性、唯一性和排他性。

除确认行政事实行为违法判决外,其他情形适用的确认违法判决均为补充性地位的确认违法判决,须首先排除其他判决类型的适用。例如,在确认不作为违法判决中,若令行政机关履行行政行为也于事无补,那么只能确认行政不作为行为违法。可见不作为违法的确认判决的适用顺位,总是排在履行判决之后。同理,根据我国 2017 年《行政诉讼法》第

74 条第 1 款第 1 项和第 2 项的规定，[①]本来符合作出撤销判决的条件，只是考虑到相关国家利益或公共利益等作出确认违法判决。可见，此处的确认判决就是从撤销判决转化而来的，如果不是基于某些因素的考量，上述情况应当适用撤销判决。之所以可以转化为确认违法判决，是因为确认违法判决也是对行政行为的否定，与撤销判决、履行判决存在功能上的重合，能使被损的原告的权益得到一定程度的修复，以保障最低限度的正义。[②] 所以说，处于补充性地位的确认判决，也是法官在特定情况下作出的一种无奈的选择，这种无奈的背后，是法官各种衡量与比较的结果。相对而言，专属性地位的确认判决的作出，并不需要法官在判决类型的选择上煞费苦心。

三、确认无效判决的适用

无效的行政行为尽管无效，但其有行政行为的外观，因此必须允许原告对无效行政行为提起诉讼，法院对无效行政

① 2017 年《行政诉讼法》第 74 条第 1 款第 1 项和第 2 项的具体内容为：行政行为依法应当撤销，但撤销会给国家利益、社会公共利益造成重大损害，作出确认违法判决；行政程序轻微违法，但对原告权利不产生实际影响的，作出确认违法判决。

② 参见章剑生：《论利益衡量方法在行政诉讼确认违法判决中的适用》，载《法学》2004 年第 6 期。

行为作出确认无效判决，以排除因行政行为存在的法外观，最终化解相对人可能因此而蒙受的不利益。确认无效判决对无效行政行为的适用具有专属性和唯一性。在明确辨明行政行为达到重大且明显违法的无效程度时，只能适用确认无效判决。

确认无效判决的适用，需要行政行为达到重大且明显违法的程度，确认无效之诉的提起，无须遵守一般的起诉期限。一般情况下，无论是撤销判决还是给付判决，都是法院针对原告在法定期限内提起的诉讼作出的，而此处所指的确认无效判决对应的可以是原告超出一般的起诉期限进行的诉讼，因为无效行政行为的违法程度达到了令人无法容忍的程度，法律例外地规定其不受诉讼期限的限制。由于此处所指的确认无效判决对应的是不受诉讼期限限制和约束的确认无效诉讼，那么从行政机关无效行政行为的作出到法院判决作出的时间内，又会形成许多新的法律关系，基于法的安定性的考量和防止诉讼被滥用，必须设置确认利益这一条件限制滥诉情况的发生，即原告提起确认无效之诉必须具有确认利益，否则，法院会作出驳回原告诉讼请求的判决。确认无效判决的确认利益通常包括那些经过合理考量，并按照事物的状况应当受到法规保护的或者基于法理值得保护的当事人的利益，甚至包括当事人某些假想的利益。需要注意的是，随着公权概念的流变，“利益”呈明显扩大之势，如虽然法律没有明文规定,但如果某一利益是值得保护的,也可以成为此处的确认利益。因此,适用确认无效判决时,需要法院根据个案情况,审查原告是否存在需要保护的确认之利益。[①] 确认无效判决是处于专属性地位的判决类型,它的适用要件并不需要排除其他判决类型的适用,而是在具体的案件中,若行政行为重大且明显违法,并符合判决作出的其他要件,则直接适用确认无效判决。

第四节 新定位下的确认判决在行政协议中的运用——以科研项目计划书为例

由于确认判决既有补充性地位又有独立性地位,所以确认判决在行政诉讼判决体系中有较强的适用性。在 2020 年《行协规定》中规定了确认判决在行政协议中的适用,下面将探讨《行协规定》中关于行政协议审理的相关规则、科研项目计划书的性质以及确认判决在与科研项目计划书相关争议解决中的运用。

① 参见蔡志方:《行政救济与行政法学》(四),台北,正典出版文化有限公司 2004 年版,第 267 页。

一、《行协规定》关于行政协议审理的相关规定

2019 年 11 月 27 日由最高人民法院审判委员会通过的《行协规定》，自 2020 年 1 月 1 日起施行。该司法解释是关于行政协议最详细的解释与规定，其中政府特许经营协议，政府投资的保障性住房的租赁、买卖等协议等有名的行政协议被纳入行政诉讼的受案范围，同时又以“其他行政协议”等无名的行政协议作为兜底条款，为其他类型的行政协议进入行政诉讼的受案范围打开了“门窗”。同时规定了行政协议的原告可以是因行政协议的订立、履行、变更、终止等发生纠纷的公民、法人或者其他组织，还可以是其他认为行政协议的订立、履行、变更、终止等行为损害其合法权益的公民、法人或者其他组织。原告的诉讼请求为：请求判决撤销行政机关变更、解除行政协议的行政行为，或者确认该行政行为违法；请求判决行政机关依法履行或者按照行政协议约定履行义务；请求判决确认行政协议的效力；请求判决行政机关依法或者按照约定订立行政协议；请求判决撤销、解除行政协议；请求判决行政机关赔偿或者补偿；其他有关行政协议的订立、履行、变更、终止等诉讼请求。对应的判决形式有：撤销判决、补救判决、“继续履行判决 + 赔偿判决”、确认行政协议无效判决等。

由上述规定可知，关于行政协议争议的事项有：行政协议的订立、履行、变更、终止等引发的纠纷。关于行政协议诉讼的原告可以是：行政协议中非行政机关一方和与行政协议有利害关系的第三人。行政协议的诉讼请求为：撤销行政协议、请求履行行政协议、请求变更行政协议、请求确认行政协议有效无效等。行政协议的判决类型是：撤销判决、补救判决、“继续履行判决+赔偿判决”、确认行政协议无效判决等。因此，无论是确认诉讼的提起，还是确认判决的作出，均可说明确认判决在行政协议中有一定的适用空间。

二、科研项目计划书的性质

科研项目计划书是基金管理机构与相关单位及科研人员，为完成特定的科研项目签订的，确立各方权利义务关系且具备法律约束力的合同。值得注意的是，关于科研项目计划书的法律性质，一直比较有争议，至今仍无定论。当前，关于科研项目计划书性质的学说有私法性质说、公法性质说和组合性质的双阶合同说，以下分别讨论。

（一）私法性质说及其不足

关于科研项目计划书的法律性质，民法学者认为其总体隶属于民事合同,即科研项目计划书是私法性质的合同。部分学者认为科研项目计划书隶属于普通的民事合同,即平等民事主体之间签订的具有权利义务关系的文书。他们持有的理由如下:第一,基金管理机构可以为私法行为。基金管理机构是被授权的组织,可以作为行政主体作出行政行为。但是亦不能否认,即便是行政主体也可以作出私法行为。因此,基金管理机构在科研项目计划书各阶段的行为,存在为私法行为的可能性。第二,科研项目计划书不适合运用强制的行政行为进行管理。科研项目计划书作为国家科技计划的一种,其目的是进行科学研究,科学研究必然遵循自然规律。在科学研究的过程中,科研人员需要发挥其主观能动性和创造性,但其主观能动性的发挥必然要依据和遵循客观实际情况。因此,基金管理机构无法用行政命令强制科研人员进行科学研究。第三,从科研项目计划书的整体来看,计划书主体之间的权利义务是对等的,一方按照合同的约定给付金钱,另一方按照项目计划书的内容进行科学研究。进一步说,从事科研活动是公民的权利而非义务,国家有义务为愿意且能够承担科研任务的科研人员提供资金支持,这与公法上的权利义务无涉、无交集。另外,从科研项目计划书签订的程序和内容来看,其具有很多的民事合同特征。此外,自由是科学研究中最需要被尊重的品质,也是创新不可或缺的环境。给思想者自由的天空,他们才可能站在科技创新的最前沿。在我国,只有将项目合同纳入私法契约,才能够真正给予研究者自由的空间,实现科技创新管理制度的突破。

按照普通民事合同说定位科研项目计划书,能够为研究人员提供相对自由的科研环境、平等的对话机会以及经费使用的便利条件,但存在以下问题:第一,市场行为理论难以解释科研项目计划书含涉的科学研究活动。科研项目计划书作为国家科技计划的子类别,其设立的目的是解决经济和社会发展中的重大科技问题、实现科技资源的合理配置,其本质上是政府调控国家科技活动、弥补因“市场失灵”造成负面影响的一种手段,故将科研项目计划书定位为民事合同无法解释国家行为。第二,合同主体的权利义务不对等。科研项目计划书作为国家科技计划的一种,是具有一定风险的科研行为,即国家投入资金购买的是科研人员“竭尽全力”的科研活动。只要科研人员证明自己已经“竭尽全力”了,那么风险就由政府来买单。因此,存在这样一个问题,在科研活动中,科研活动的质量和结果依赖于科研人员智力和时间的投入,但是科研人员智力和时间的投入只有科研人员自己能够把控,即只有科研人员本人能够证明自己是否“竭尽全力”了,在这个问题上,科研人员既是“运动员”,又是“裁判员”。这也在事实上导致合同主体的权利义务并不对等。第三,民事合同性质不利于对行政职权行为的监督。将科研项目计划书定性为民事合同,如果产生相关的纠纷,即适用民事法律规范,从而排除适用行政法律规范的可能,也进一步排除了行政复议和行政诉讼。

(二)公法性质说及其缺陷

关于科研项目计划书的性质定位的公法性质说,认为科研项目计划书是行政合同,采用科研项目计划书的形式对国家自然科学基金立项项目进行的资助,该项目计划书应被定性为行政合同。[①] 其主要理由有:一是合同一方的主体恒为行政主体。科技部的部门规章授权基金管理机构管理国家自然科学基金项目,基金管理机构通过项目计划书的形式对自然科学基金实施管理,即是通过行政合同的方式实施行政职权,此时基金管理机构显然符合行政合同的主体要件。二是经费源于中央财政拨款,与民事合同不同,科研项目计划书含涉的科研经费均源自中央财政经费,属于国家财产,隶属于国家财政。三是科研项目计划书订立、实施是为了公共利益。科研

---

① 参见唐伟华、黄玉:《中国科学基金法律制度研究》,中国社会科学出版社2015年版,第102—104页。同时,各地方政府规章均进行的类似规定亦是如此,如2015年《江苏省行政程序规定》(已失效)第77条第2款明确:行政合同适用于行政机关委托的科研、咨询。

项目计划书隶属于国家科技计划，其订立的目的在于执行科技计划项目，规范国家自然科学基金的使用与管理，提高国家自然科学基金使用效益，促进基础研究，培养科学技术人才，增强自主创新能力，其涵载公共利益。四是科研项目计划书的一方（资助机关）享有超越于合同另一方（依托单位、科研人员）的行政优益权，包括指导权、组织权以及在一定条件下的单方变更或解除合同权、对科研人员的制裁权，由此认定科研项目计划书为行政合同。

但是，按照行政公法性质说，实践中产生了诸多法律难题。例如经费使用管理制度僵化加剧、合同主体地位的不平等矛盾突出，因为将科研项目计划书作为完全意义的行政合同，会使科研管理部门在科研项目计划书签订履行等过程中拥有较多的行政优益权。相对于科研人员，科研管理部门具有事实上和法律上的双重优势地位，基于此不平等的地位，存在“强势”一方侵蚀合同合意性的机会，或者强势的单方变更、解除合同易导致科研合同合意性“名存实亡”，增加科研人员与科研管理部门的对抗和不信任。

（三）组合性质的双阶合同说

科研项目从立项到合同履行完毕是一个整体过程，无论认为科研项目计划书是公法性质的还是私法性质的，都有无法克服的缺陷和困难。基于此，双阶合同说认为，由于科研项目计划书从立项到最终完结是一个漫长的过程，周期在三年左右，涵盖复杂的法律关系和多重的交织关系。因此，即便是一个整体过程的科研合同，依然可以分开来看，不妨把科研合同分解为科研管理机构实施项目管理的行政行为与合同主体履行合同的民事法律行为，即以科研项目计划书的缔结为分割点，将其拆分为组织—决定阶段和实施—完结阶段。科研项目计划书的实施历经发布申请、组织申报、撰写申请书、审核、评审、立项、执行项目、结题验收等步骤。双阶合同说将发布申请到评审归位于第一阶段即组织—决定阶段，含涉的法律关系均为公法上的行政法律关系，因此该阶段的行为属于行政行为。从立项、执行项目即合同的订立和执行为第二阶段，这里主要涉及平等民事主体协商订立、履行合同等民事行为，因此主要适用私法规定。如此就克服了将科研项目计划书视为纯粹的公法合同或纯粹的私法合同的缺陷和不足，既能将科研项目计划书置于科研管理部门的监管之下，又能在签订履行阶段灵活地适用民事法律规范。① 但是美中不足的是，双阶合同说的适用存在以下无法克服的问题。

① 参见李光禄、姚慧雅：《科研项目合同性质辨析》，载《西华大学学报（哲学社会科学版）》2017 年第 5 期。

公私对立的双阶划分存在错节和漏洞。首先,根据双阶合同说,将科研项目计划分为行政行为实施阶段和民事法律行为阶段。但是,在第二阶段中,项目计划书的结项也涉及结项评审,此时的评审和第一阶段的评审同属于基金管理机构的行政行为,双阶合同说将其归属于民事法律行为进而适用民事法律规范不周延。其次,科研项目计划书中,存在公法与私法的交织地带,这一事实无法回避,无论在第一阶段抑或在第二阶段,均存在公法和私法的适用空间。最后,存在权利救济难题。在我国,民事案件和行政案件分别归属于不同的审判庭,根据双阶合同说将科研合同分为"前行后民",若项目计划书主体之间既对第一阶段存在争议又对第二阶段存在争议,那么,争议该由哪个审判庭审理?不同的审判庭在受理起诉、立案、审理、举证、判决等方面差异较大,审判的结果也迥然有别,最终可能导致同案不同判的情况发生。这种锯箭式的纷争解决模式,也造成了被阶段化后的个别行为或者个别争讼结果的分离,应如何处理彼此间的效力将是一个很大的难题。

在双阶理论之下,将科研项目计划书进行公法与私法的对立划分,不符合现在公私法融合的发展趋势,本质上违背了传统行政法学思想(一个生活关系尽量统一在一个法律关系中),此种公私二元的对立划分将造成法律关系内部逻辑的混乱。所以有德国学者扬言应当“彻底告别双阶理论”。[①]

（四）科研项目计划书法律性质的应然定位

科研项目计划书兼具强制性与合意性、公益性与私益性等多重属性，这里的多重属性亦不能与双阶合同说下的多重属性等同。因为，在这里多重属性视角下的科研项目计划书，必须摆脱公私对峙的思维惯性，不能利用拆分模式对科研项目计划书的多重属性进行分类调整，否则还将面临范围难以明确、法律适用纠结及公私利益冲突的困境。现代法律的不断发展，“是一个不断消除自身内在矛盾及否定因素的过程”[②]。从公私相互对峙到公私渗透结合的转变已成为普遍的法律现象，只有“公”与“私”紧密结合在一起，才能实现对某类复杂社会关系的精准调整，公法与私法的融合也构成现代法形成与生长的内在驱动力。[③] 此时，我们不妨尝试一下德国学者汉斯·尤里斯·沃尔夫（Hans Julius Wolff）针对私法形式的公权力行政如何受公法约束的问题提出的行政私法理论。

---

① 参见严益州：《德国行政法上的双阶理论》，载《环球法学评论》2015 年第 1 期。

② 史际春：《经济法的地位问题与传统法律部门划分理论批判》，载《经济法研究》2000 年第 1 期。

③ 参见弗朗茨－约瑟夫·派纳：《德国行政程序法之形成、现状与展望》，刘飞译，载《环球法律评论》2014 年第 5 期。

行政私法理论之下的行政私法行为是以私法的方式达成行政任务的行为，该行为在法律属性上具有公法和私法双重特征，在法律适用上应该遵守依法行政的基本原则和规则，同时受到私法的规范约束。[①] 行政私法理论更契合科研项目计划书的本质属性。

科研项目计划书是行政私法理论下的行政合同。在科技工作的管理和推进过程中，基金管理机构既可以采用以强制性为特征的高权行政手段，来完成国家自然科学基金项目的管理工作，还可以通过以非强制性为特征的民事手段来达到同样的目标。随着国家治理理念的嬗变与行政任务的变迁，行政权与私人之间传统意义上的管理与被管理的关系转变为合作与服务关系，国家科技的发展与进步亦随之较多地依赖于国家与个人的合作。于是，在基金管理机构和相关单位、科研人员之间便产生了科研项目计划书，如前所述，将科研项目计划书定性为民事合同、组合性质的双阶合同抑或传统意义上的行政合同都有难以克服的缺点和局限。那么，如何准确定位科研项目计划书的性质，才能全面体现契约自由与公法上的监管等多重属性，行政私法理论无疑是当下最妥当定性

① 参见邹焕聪：《行政私法理论在合同制度中的展开——论行政私法合同的内涵、性质与界分》，载《现代法学》2010 年第 3 期。

科研项目计划书的理论，而且是法律发展史上弥补公私法之间隔阂的一个不容小觑的制度创新。将科研项目计划书定性为行政私法理论下的行政合同，正是系统考察了科研项目计划书是含涉法律关系的复合行政行为，并关注到行政活动的动态过程及法政策性。①

科技兴则民族兴，科技强则国家强。为更好地负担国家的保障义务，行政私法理论下的行政合同，能够帮助政府提供更好的公共服务，满足国家和人民的生存发展需要。从“两弹一星”到核潜艇，从青蒿素到杂交水稻，从石油地质勘探取得突破到万吨巨轮下海，我国科技创新始终聚焦国家和人民需要，为国家安全、经济社会发展和人民生活提供有力保障。国家发展科技的目的在于提高人民的物质生活水平，满足人民群众日益增长的物质文化需求，提供更高水平、更高质量的保障。行政私法理论下的科研项目计划书，以更加柔和的方式发展科技，以更高的效率和更好的质量提供公共服务，符合国家科技发展的规划和布局以及现实需求。

① 参见周佑勇：《中国行政法学学术体系的构造》，载《中国社会科学》2022年第5期。

三、科研项目计划书的相关争议及确认判决的适用

(一)科研项目计划书的相关争议

在科研项目计划书签订履行过程中存在的多种争议,主要分为:项目申请人、负责人及成员与科研管理部门的争议;依托单位与科研管理部门的争议;评审专家与基金管理部门的争议;基金管理机构的工作人员与基金管理机构的争议;第三人对科研项目计划书的订立、履行的争议。

其中,项目申请人、负责人及成员与科研管理部门的争议包括申请人对不予受理、不予资助存在争议;因科研不端撤销项目、不予结项、暂缓拨付资助经费引发的争议;变更项目主持人、成员、研究计划和研究内容引发的争议;对评审专家、基金管理机构工作人员回避事项处理不服引发的争议;复审结果的争议。

依托单位与科研管理部门的争议包括依托单位对不予受理、不予注册的争议;依托单位对信息变更不予批准的争议;依托单位对警告、责令限期改正、注销、通报批评、一定期限不得作为依托单位存在的争议。

评审专家与基金管理部门的争议包括回避决定的争议;给

予的谈话提醒、批评教育及不再聘任为评审专家等处罚的争议。

基金管理机构的工作人员与基金管理机构的争议包括被批评教育或者给予相应的处分存在争议；被移送相关纪检监察组织处理存在争议。

第三人对科研项目计划书的订立、履行的争议包括第三人对科研项目计划书订立、履行过程中引发的争议。

（二）确认判决在科研项目计划书争议解决中的运用

上述争议多数没有相应的争议解决路径，仅有个别争议对应有复审、举报、申诉等争议解决路径。由于在前述的论证中，将科研项目计划书定位为行政私法理论下的行政合同，因此，必然适用2017年《行政诉讼法》和2020年《行协规定》关于行政协议争议解决的相关规定。由于本书的研究议题集中于确认判决，所以此处仅论证行政诉讼确认判决在科研项目计划书争议解决中的运用，而且由于立法上并没有规定科研项目计划书的诉讼通道，因此，此处的论述更多的是一种理论上的探讨。

理论上，存在确认科研项目计划书无效、确认科研项目计划书中行政机关行政行为违法等相关的诉讼和判决。例如，同一个项目存在多个项目申请人，最终只能确定一个申请人同基金管理机构签订科研项目计划书，在选择科研项目计划书签订者的过程中，基金管理机构或相关工作人员存在未依照规定申请回避的、披露未公开的与评审有关的信息、玩忽职守、徇私舞弊行为，最终影响了公平公正的竞争，则其他申请人可以提起确认科研项目计划书无效或请求法院确认基金管理机构行政行为违法，对应的判决形式存在确认科研项目计划书无效或者确认基金管理机构行政行为违法或无效的适用空间，如果最终是确认基金管理机构的行政行为无效，此时确认无效处于独立性地位，如果是确认基金管理机构的行为违法，则需要分情形探讨此判决的地位。再如，同一个项目存在多个申请人，最终只有 A 和基金管理机构签订了科研项目计划书，而后其他申请人发现，A 在项目申报书中存在学术不端，伪造申报材料的行为。此时，其他申请人请求确认 A 与基金管理机构签订的科研项目计划书无效，那么对应的判决存在确认科研项目计划书无效的适用空间，且确认无效判决的适用具有独立性，最终达到科研项目计划书自始无效、绝对无效的目的。

事实上，无论诉请法院确认基金管理机构的行政行为违法、无效，还是确认科研项目计划书无效，最终均涉及请求法院确认基金管理机构和 A 之间是否存在科研项目计划书中所确立的权利义务关系。因此，即便是在理论上探讨确认判决在行政协议中的运用，依然关涉确认违法判决、确认无效判决的适用空间，而最终涉及科研项目计划书中双方的权利义务关系。

第四章　我国行政诉讼确认判决的现状与问题

第一节　行政诉讼确认判决相关规定的现状与问题

我国行政诉讼确认判决的相关规定之现状，包括立法和相关司法解释关于确认判决的规定，在此予以说明。

一、行政诉讼确认判决相关规定之现状

我国行政诉讼起步较晚，1989 年《行政诉讼法》才正式开始实施，其中只规定了撤销判决、给付判决两种主判决类型，并没有关于确认判决的规定。2000 年《行政诉讼执行解释》

第 57 条第 1 款是关于确认行政行为合法或者有效的判决的规定，即“人民法院认为被诉具体行政行为合法，但不适宜判决维持或者驳回诉讼请求的，可以作出确认其合法或者有效的判决”。其 57 条第 2 款是关于确认行政行为违法或者无效的判决，其中第 2 款的第 1 项和第 2 项以及第 58 条是确认违法判决的相关规定，即在“被告不履行法定职责，但判决责令其履行法定职责已无实际意义”“被诉具体行政行为违法，但不具有可撤销内容”和“被诉具体行政行为违法，但撤销该具体行政行为将会给国家利益或者公共利益造成重大损失”三种情况下，人民法院依法判决确认行政行为违法。在第三种情况下，被诉行政机关应采取相应的补救措施，若造成损害的，依法判决被诉行政机关赔偿。第 57 条第 2 款的第 3 项是关于确认行政行为无效判决的规定，即在“被诉具体行政行为依法不成立或者无效”的情况下，人民法院依法判决确认行政行为无效。可见，行政诉讼确认判决第一次出现并不是在行政诉讼的立法中，而是以司法解释的形式进入人们的视野，且该司法解释用两条内容规定了确认判决的三种形式，即确认合法或者有效判决、确认违法判决、确认无效判决，至此行政诉讼确认判决在我国确立。

随着司法实践的发展，我国制定于 1989 年的《行政诉讼法》在适用的过程中出现了种种问题。在实践的迫切需求和理论的不断发展下，我国实施20多年的行政诉讼法在2014年迎来了修改时机，其中关于确认判决的相关条文正式以法条的形式进入《行政诉讼法》中，并对2000年《行政诉讼执行解释》关于确认判决的规定进行辩证吸收，2014年《行政诉讼法》第74条、第75条和第76条是关于确认判决的规定，2017年《行政诉讼法》延续了2014年《行政诉讼法》关于确认判决的规定。仅仅从司法解释或法条的字面意思来看，从2000年《行政诉讼执行解释》到2014年、2017年的《行政诉讼法》修改，关于确认判决的规定出现了如下变化：

第一，2014年的《行政诉讼法》没有继承2000年《行政诉讼执行解释》中确认合法或者有效判决这一判决类型，而是对其进行舍弃，取而代之的是驳回原告的诉讼请求的判决。这一条在2017年的《行政诉讼法》中得到了全部的继承。

第二，2014年《行政诉讼法》扩充了确认违法判决的适用情形，即"行政行为程序轻微违法，但对原告权利不产生实际影响"之情形下可以适用确认违法判决。2017年的《行政诉讼法》对此的规定亦是如此。

第三，"被告改变原违法行政行为，原告仍要求确认原行政行为违法"的情形虽然仍被保留在2014年《行政诉讼法》以及2017年《行政诉讼法》确认违法的适用情形中，但"被告改变原违法行政行为”的含义与之前大不相同，此处的改变仅仅指行政行为结果的改变，而2000年《行政诉讼执行解释》中行政行为的改变不仅包括结果的改变，还涵盖对主要事实认定的改变、对证据的认定的改变等。

第四，在2014年、2017年《行政诉讼法》的第76条中，依据该法条的字面意思，只要行政行为被法院确认为违法或无效的，法院就可以责令被告采取补救措施，依法判决被告承担赔偿责任。而2000年《行政诉讼执行解释》第58条仅仅规定了确认违法判决中“被诉具体行政行为违法，但撤销该具体行政行为将会给国家利益或者公共利益造成重大损失”这一种情形时，法院可以责令被告补救，当造成损害时，判决行政机关赔偿。这说明2014年《行政诉讼法》对确认判决的相关修改扩大了对原告权利保护的范围，增强了对原告权利保障的力度，这也与“保护公民、法人和其他组织的合法权益”这一立法目的相契合。同时值得注意的是在2000年《行政诉讼执行解释》第59条也提到了责令被诉行政机关采取补救措施，即责令采取补救措施也可以依附于撤销判决，而在2014年《行政诉讼法》中，责令采取补救措施不能再依附于撤销判决，即仅仅在适用确认违法和确认无效判决时，法院能作出责令被告采取补救措施，撤销判决不再作为采取补救措施的依附体，2017年《行政诉讼法》对此全部吸收。

2014 年和 2017 年的《行政诉讼法》都在第 74 条用了 2 款 5 项列举了确认违法判决的五种适用情形。其中第 1 款是行政行为依法应予以撤销，但因为“撤销会给国家利益、社会公共利益造成重大损害”“行政行为程序轻微违法，但对原告权利不产生实际影响”，所以不予撤销，而是判决确认违法。而第 2 款的 3 项内容规定的是行政行为无法撤销或判决行政机关履行无意义时，法院判决确认行政行为违法，即在“行政行为违法，但不具有可撤销内容”“被告改变原违法行政行为，原告仍要求确认原行政行为违法”“被告不履行或者拖延履行法定职责，判决履行没有意义”三种情况下，法院无奈地作出确认违法判决。根据 2018 年的《行诉解释》第 96 条可知，程序轻微违法，但对原告权利不产生实际影响中的“原告的权利”是指“原告依法享有的听证、陈述、申辩等重要程序性权利”；“程序轻微违法”即为“处理期限轻微违法”“通知、送达等程序轻微违法”两种具体情形以及第三项的“其他程序轻微违法的情形”之兜底条款。所以针对“程序轻微违法”作出确认违法判决的情形为：处理期限轻微违法且对原告依法享有的听证、陈述、申辩等重要程序性权利不产生实质损害；通知、送达等程序轻微违法且对原告依法享有的听证、陈述、申辩等重要程序性权利不产生实质损害；有其他程序轻微违法的情形且对原告依法享有的听证、陈述、申辩等重要程序性权利不产生实质损害。事实上,第一项“处理期限轻微违法”和第二项“通知、送达等程序轻微违法”,只不过是“程序轻微违法”的具体化,第三项并没有确立“程序轻微违法”的判断标准,而是对“程序轻微违法”的重复。其实,对“程序轻微违法”的判断,唯有“对原告依法享有的听证、陈述、申辩等重要程序性权利不产生实质损害”这一个标准,因此,程序轻微违法实际上是指对重要程序性权利不产生实质损害的程序违法。

2017 年《行政诉讼法》第 75 条是关于确认无效判决的规定。当行政行为有实施主体不具有行政主体资格或者没有依据等重大且明显违法情形时,此时若原告提起确认行政行为无效诉讼,则人民法院判决确认行政行为无效。2018 年《行诉解释》第 99 条是针对“重大且明显违法”作出的解释,类似于其在第 96 条所规定的那样,采取具体情形列举加概括之兜底条款的形式,即在“行政行为实施主体不具有行政主体资格”“减损权利或者增加义务的行政行为没有法律规范依据”“行政行为的内容客观上不可能实施”这三种情形下,法院可以判决确认行政行为无效,同时若根据具体的案情无法归纳到上述三种情形中,也可以根据该条第 4 项“其他重大且明显违法的情形”,判决确认行政行为无效。

2018年《行诉解释》第94条是关于人民法院依据自己的职权选择判决方式的规定。具体内容为:当原告诉请撤销行政行为时,法院经审查认为行政行为无效的,应当作出确认无效判决。当原告诉请行确认政行为无效,但法院经审查认为该行政行为不属于无效的情形,经法院对原告作出解释,原告改诉请撤销行政行为时,法院应继续审理并作出相应判决;若原告拒绝变更诉请的,判决驳回诉讼请求;原告将诉讼请求转换为撤销被诉行政行为但超过起诉期限的,裁定驳回起诉。为清晰直观地展示法院对判决方式的选择,参见表4.1和表4.2:

表4.1　法院依职权选择裁判方式的情形

原告的诉讼请求	法院审查、审理	是否超过一般起诉期限	法院裁判
原告诉讼请求为撤销行政行为	法院审理认为行政行为无效	—	法院作出确认无效判决
	法院认为行政行为符合撤销情形	在起诉期限内起诉	法院作出撤销判决
	法院认为行政行为符合撤销情形	超过起诉期限	裁定驳回起诉

表 4.2　法院依原告的诉讼请求适用裁判方式的情形

原告的诉讼请求	法院审查、审理	法院是否释明	原告是否变更诉请	法院的裁判
原告诉讼请求确认行政行为无效	法院审理认为符合无效情形	—	—	法院作出确认无效判决
	法院审理认为不符合无效情形	经释明	原告请求撤销（尚未超过起诉期限）	法院继续审理并作出相应判决
	法院审查认为不符合无效情形	经释明	原告请求撤销（超过起诉期限）	法院裁定驳回起诉
	法院审理认为不符合无效情形	经释明	原告拒绝变更诉讼请求	法院判决驳回诉讼请求

2017 年《行政诉讼法》第 76 条继承了 2000 年《行政诉讼执行解释》第 58 条的部分内容，即当人民法院作出确认违法或无效的判决时，可以同时判决责令被告采取补救措施。若造成原告权利损害的，判决被告承担赔偿责任。2018 年《行诉解释》第 95 条、第 97 条、第 98 条是关于确认违法和确认无效判决后相关的原告获得赔偿的途径、赔偿责任承担等方面的规定。其中第 95 条是关于原告获得赔偿的途径的规定，原告在诉请行政行为阶段可以一并请求赔偿，此时法院可以为之进行调解，若调解不成，应当判决赔偿。当然原告也可以就赔偿事宜另行起诉。第 97 条是关于确认判决之后的赔偿责任承担问题。原告、第三人和行政机关按照各方的行为与损害结果之间的因果关系及作

用力的大小，确定行政机关的赔偿责任。同样地，第 98 条也是关于确认违法判决的情形之一，是关于行政机关不履行、拖延履行职责给原告造成损害的，行政机关赔偿责任承担问题的解释。

二、行政诉讼确认判决相关规定存在的问题

（一）确认法律关系判决存在的问题

关于行政诉讼确认法律关系的判决，我国 2014 年《行政诉讼法》将行政协议纳入行政诉讼的受案范围，2017 年的《行政诉讼法》予以继承。与确认行政协议双方之间的权利义务关系相对应的判决是确认行政协议有效与否的判决。综观域外的相关立法，确认行政法律关系的判决种类极广，内容丰富，而我国仅仅有确认行政协议有效与否这一种确认法律关系的判决，所以确认法律关系的判决所涵盖的范围狭窄是该判决形式存在的问题。从发展趋势来看，应允许行政机关工作人员，即公务员因其权利受到侵害或要求澄清法律地位提起确认诉讼、为将来的法律关系提起确认诉讼，那么与之对应的判决就只能是确认法律关系的判决或广义的确认判决所涵盖的驳回诉讼请求的判决。但目前我国的立法情况是，上述确认之诉还不被允许提起，所以对确认法律关系判决存在的问题以及第五章对此的完善更多的

是一种理论上的探讨。

(二)确认违法判决和确认无效判决相关规定存在的问题

1. 相关法律概念缺少解释或识别标准

无论是2017年的《行政诉讼法》还是2018年的《行诉解释》，均未对“不具有可撤销内容”“拖延履行”，以及“公共利益”“重大损害”中的“重大”作出判断或识别标准，对“国家利益、社会公共利益”与原告的“个人利益”之权衡等没有作出规定或解释，这不仅造成了法条之间、法条与司法解释之间边界重合和模糊等问题，还造成了行政诉讼确认判决在司法实践中适用的混乱。

2. 2018年《行诉解释》第94条之存疑

对于2018年《行诉解释》第94条，笔者有两点疑问：第一，无论原告提起撤销行政行为的诉讼请求还是提出确认行政行为无效的诉讼请求，法院经审查认为符合无效的情形，从而作出确认无效判决，此时法院对起诉期限如何看待？是相比于撤销诉讼那样适用一般的起诉期限，还是不管行政行为作出多久，只要相对人提起诉讼，且法院能够判别该行政行为无效，就能作出确认行政行为无效的判决，而不问起诉期限如何。第二，在本条解释中，当原告诉请撤销行政行为时，法院经审查认为行政行为无效的，应当作出确认无效判决。这说明法院作出确认无效判决对应的诉讼请求不一定为确认无效诉讼，可能为撤销诉讼，即无论原告提起撤销诉讼还是确认无效诉讼，只要法院审理认为行政行为符合无效的情形，就可以作出确认行政行为无效的判决。但在2017年《行政诉讼法》的第75条规定的法院作出确认无效判决的条件中，除行政行为须具备重大且明显违法的情形外，还须原告申请确认行政行为无效这一条件，法院才能作出确认无效判决。质言之，仅行政行为无效还不足以让法院作出确认行政行为无效的判决，必须“行政行为无效+原告申请确认行政行为无效”双重条件同时具备，法院才能作出确认行政行为无效的判决。由此观之，法条规定与司法解释间存在矛盾。

3. “拖延履行法定职责”立法之存疑

1989年《行政诉讼法》第54条第3款规定：“被告不履行或者拖延履行法定职责的，判决其在一定期限内履行。”2000年《行政诉讼执行解释》第57条第2款第1项“被告不履行法定职责，但判决责令其履行法定职责已无实际意义”时，法院应作出具体行政行为违法或无效的判决。2017年《行政诉讼法》第72条规定：“……被告不履行法定职责的，判决被告在一定期限内履行。”其继承了2000年《行政诉讼执行解释》第57条第2款第1项的规定。2017年《行政诉讼法》第74条第2款第3项“被告不履行或者拖延履行法定职责，判决履行没有意义的”，作出确认违法判决。从上述立法或司法解释的规定可知，1989年《行政诉讼法》第54条第3款和2017年《行政诉讼法》第74条第2款第3项均认为“拖延履行法定职责”可以适用“履行判决”的情形。由此可推知,当时的立法者的观点是:“拖延履行”是指行政主体超过期限依然没有履行职责之情形,且从结果上来看,拖延履行最终也没有履行法定的职责。但与此相反的是,2000年的《行政诉讼执行解释》第57条第2款第1项与2017年《行政诉讼法》第72条只规定了行政机关“不履行法定职责”,法院可以判决其履行,即仅将“不履行法定职责”作为判决行政机关履行职责的法定情形。

可见,立法者对于行政主体拖延履行法定职责中行政机关职责履行的状态的认定发生了变化,将履行判决的适用情形仅限于被告不履行法定职责。① 前后对比可以看出,关于行政机关“拖延履行法定职责”究竟在结果上是履行了还是没履行职责,立法者和司法解释的制定者呈现模糊的态度,且呈现出法律规定与司法解释的不一致(1989年《行政诉讼法》与2000年的《行政诉讼执行解释》)以及法条规定之间的不一致(2017年《行政诉讼法》第72条与第74条第2款第3项)。立法者前后矛盾的态度,立法和司法解释的前后不一致导致了对“拖延履

① 2018年《行诉解释》第91条亦将“无正当理由逾期不予答复”这一情形作为履行判决适用情形。从结果来看,“无正当理由逾期不予答复”就是“没有答复”,隶属于“不履行法定职责”,法院根据案件的具体情况,判决行政机关履行法定职责。

行”的归类不明确，这种矛盾与不明确必然导致司法实践适用的混乱。

4. 行政机关承担赔偿责任或采取补救措施规定之模糊

2017 年《行政诉讼法》和 2018 年《行诉解释》对法院作出确认判决后，行政机关承担赔偿责任和补救措施作出规定和解释，具有较大的进步意义。但存在行政机关承担赔偿责任与补救措施的具体内容不明确、未对原告权利损害赔偿作出便宜的制度设计等问题。

第二节　行政诉讼确认判决的实践现状与问题

一、行政诉讼确认判决的实践现状

在前述导论中已经介绍和说明了我国行政诉讼确认判决在司法中的实践现状。笔者在中国裁判文书网检索的行政诉讼确认判决的案例中，除去非确认判决的案例以及重复案例，剩余 476 个。其中，确认违法判决以 458 个的基数在确认判决中占绝对优势的比例，作出确认无效判决的有 7 个案例，作出确认法律关系存在与否的案例有 11 个。这些案例能够反映出我国行政诉讼确认判决在司法实践中适用的问题。

二、行政诉讼确认判决在实践中存在的问题

由于确认判决的立法和相关司法解释存在矛盾和争端，导致我国行政诉讼确认判决在实践中的适用也同样存在问题。这些问题主要集中于以下几个方面：行政法律关系和行政事实行为能否成为确认判决的对象？何为不具有可撤销的内容？撤销判决与确认违法判决的适用顺位如何？2017年《行政诉讼法》第74条第2款的第1项和第2项是否存在边界重合问题？确认违法判决是否需要有确认利益的要件要求？在法律无明文规定的情况下，确认无效之诉是否受起诉期限的约束？以下以具体的案例来说明确认判决在实践中存在的问题。

（一）A类案例：行政法律关系能否成为确认判决的对象

案例一：安随兴与临朐县住房和城乡建设局城乡建设行政管理纠纷案。[①]

在原告安随兴诉与被告临朐县住房和城乡建设局行政协议确认一案中，原告安随兴称，2018年被告临朐县住房和城乡建设

① 参见山东省临朐县人民法院行政判决书，(2020)鲁0724行初32号。

局按照临朐县人民政府的部署对原告所在小区的房屋进行搬迁改造。2018 年 11 月 21 日双方签订了房屋《征收补偿(安置)协议》。原告认为此协议是双方真实意思表示,不违反法律规定,请求人民法院进行司法确认,判决确认该协议的效力。经审查,原、被告之间签订的房屋《征收补偿(安置)协议》,是被告为实现行政管理或者公共服务目标与原告签订的具有行政法上权利义务内容的协议,属于行政协议,原告的起诉属于行政诉讼的受案范围。该经双方协商后在自愿、公平的基础上签订的房屋《征收补偿(安置)协议》,是双方真实意思的表示,约定的权利义务明确,未损害国家利益、社会公共利益和他人合法权益,不存在《中华人民共和国行政诉讼法》第七十五条和《最高人民法院关于审理行政协议案件若干问题的规定》第十二条第一款规定的行政行为无效的情形,协议有效。原告要求确认该协议效力,被告亦无异议,故对原告的诉讼请求,本院予以支持。依照《中华人民共和国行政诉讼法》第七十五条、《最高人民法院关于审理行政协议案件若干问题的规定》第九条第(三)项、第十二条之规定,判决如下:确认原告安随兴与被告临朐县住房和城乡建设局于 2018 年 11 月 21 日签订的房屋《征收补偿(安置)协议》有效。

案例二：宋志玲、辽宁省凌源市人民政府再审审查与审判监督行政裁定书。[①]

在再审的裁判文书中，行政诉讼中确认判决是指公民、法人或者其他组织请求人民法院针对行政法律关系的存在与否、有效与否以及违法与否予以确认的一种诉讼类型。确认之诉并非绝对的主观诉讼，人民法院在确认之诉中需要对被诉行政行为的合法性进行全面审查，如果行政行为的违法性达到需要撤销的程度，且有可撤销内容，撤销后亦不损害国家利益、社会公共利益的，人民法院可以依职权予以撤销。本案中，人民法院在审查中发现1号决定作为被诉行为需要撤销时，可依法予以撤销。同时，撤销判决本身也包含了对1号决定违法性的整体性评价。鉴于一审法院已支持宋志玲的诉讼请求，判令撤销1号决定，二审法院予以维持，现宋志玲申请再审并无实质意义，不予支持。

在案例一中，法院作出确认行政协议有效的判决就是确认了原告与被告之间存在行政法上的权利义务关系，即对法律关系进行了确认。在案例二中，法院认为确认法律关系存在与否的诉讼为确认诉讼的一种类型，这两个案例说明，实务中，行政法律关系可以成为确认判决的对象。

---

① 参见中华人民共和国最高人民法院行政裁定书，(2019)最高法行申216号。

（二）B类案例：行政事实行为可否成为确认违法判决的对象？何为不具有可撤销的内容？撤销判决与确认违法判决的适用顺位如何

案例：陕西省泾阳县不动产登记局与尹志忠、武耀军侵犯房产权纠纷案。①

案情：2004年1月14日，原告武耀军取得泾阳县东方大厦二楼房屋产权证书（咸阳市房权证泾阳县字第02530号），该证书由第三人尹志忠保管。2004年1月15日，第三人尹志忠以原告武耀军的名义与第三人张淮海签订《房屋买卖协议》，将泾阳县东方大厦二楼房屋卖给张淮海，双方在咸阳市公证处进行了公证。2004年1月16日，被告根据第三人张淮海的申请、《房屋买卖协议》、公证书以及第三人尹志忠以原告武耀军的名义书写的弃权书，将原告的房屋转移登记在张淮海名下，并给张淮海颁发了咸阳市房权证泾阳县字第02547号产权证书。2012年农历九月初九，原告在向第三人尹志忠催要房产证时，尹志忠告知原告其已通过买卖将房屋过户到张淮海名下。原告武耀军诉至法院要求被告陕西省泾阳县不动产登记局撤销其为张淮海颁发的房屋证书。

经审理，原审法院认为：《中华人民共和国行政诉讼法》第

① 参见陕西省泾阳县人民法院行政判决书，（2019）陕04行终14号。

七十四条第二款第一项规定,“行政行为违法,但不具有可撤销内容的”,人民法院判决确认违法。该项所规定的确认违法判决,主要是针对违法的事实行为。① 因为本案中政府拆除房屋的行为是行政执行行为,为事实行为的一种,且房屋已被拆除,该执行行为已经执行完毕,只能判决确认违法。而本案被诉行政行为是泾阳县人民政府作出房屋转移登记的行政行为,系法律行为。但由于涉案房屋已被拆除,其不具有可撤销内容,撤销也没有实际意义,故本院确认被告房屋转移登记行为违法。

二审法院认为,在本案涉案房屋登记程序中,申请人张淮海提交了“房屋买卖协议”虚假材料,本案房屋登记行为缺乏事实依据,应予撤销。依照《中华人民共和国行政诉讼法》第七十条(一)项、第八十九条第一款(二)项之规定,判决如下:

一、撤销泾阳县人民法院(2018)陕0423行初50号行政判决;

二、撤销泾阳县人民政府2004年1月16日将武耀军所有的泾阳县东方大厦二楼房屋转移登记在张淮海名下的行为,撤销

① 该判决还对行政事实行为进行了定义。所谓行政事实行为,是与行政法律行为相对的概念,是指一切并非以发生法律效果为目的,而以发生事实效果为目的的行政措施。行政事实行为不会对当事人的权利义务产生创设、变更或消灭的法律效果,因而不能成为撤销判决的对象,在其违法时只能适用确认判决。该项所规定的确认违法判决,还适用于在作出判决前已经了结的行政行为,亦即已经执行完毕而无恢复原状可能或因其他事由而消灭的情形。参见陕西省泾阳县人民法院行政判决书,(2019)陕04行终14号。

泾阳县人民政府同日颁发给张淮海的咸阳市房权证泾阳县字第02547号产权证。

故对被申请人房屋进行强行拆迁，其具体行政行为程序确有不当，但没有造成严重后果和产生实际影响，且不予以撤销。

在该案例中，一审法院和二审法院对于案件的判决大相径庭。一审法院认为房屋的登记行为因缺乏依据而违法，但行政行为已经执行完毕且无恢复原状的可能性，即该违法登记的房屋已被拆除，撤销登记行为无意义，遂依据《行政诉讼法》第74条第2款第1项对登记行为作出确认违法判决，而该房屋被政府强制执行拆除，因为拆除行为无政府法律意义上的意思表示，只是一种执行行为，隶属于行政事实行为的一种，因而确认其违法。二审法院认为登记行为违法，应予撤销。拆除行为为具体行政行为，隶属于行政法律行为，由于拆除程序轻微违法，对其不进行撤销。

一审二审法院在判决的适用上产生了分歧，产生分歧的原因何在？该案件究竟适用确认违法判决还是适用撤销判决？

确认违法判决存在处于补充性地位的情形，在这种情形中，比较而言，撤销判决处于优位地位，可优先适用，二者存在适用顺位的问题。所以在上述情况下，撤销判决和确认违法判决该如何适用？应该有什么样的适用规则才能作出适当的判决？第二个分歧在于,房屋拆除行为是行政事实行为还是行政法律行为?行政事实行为能否成为确认判决的对象?

(三)C类案例:2017年《行政诉讼法》第74条第2款的第1项和第2项是否存在边界重合问题

案例:佟文武、于海宝等与密山市人民政府行政纠纷案。[①]

本案中,被告对已经注销登记的密山市天缘经济贸易有限公司作出征收补偿决定,佟文武等10名股东不服提起撤销之诉。在诉讼过程中,被告未依法向法院提交作出被诉行政行为的证据和所依据的规范性文件,应当视为没有相应证据,对被诉行政行为依法应当予以撤销。但被告在诉讼过程中主动撤销了违法的行政行为,原告仍要求确认原行政行为违法的,人民法院应当依法作出确认判决。依照《中华人民共和国行政诉讼法》第七十四条第二款(一)、(二)项、《最高人民法院关于适用〈中华人民共和国行政诉讼法〉的解释》第八十一条第三款的规定,判决如下:确认被告密山市人民政府于2018年11月26日作出的密政征补决〔2018〕20号房屋征收补偿决定书违法。

该案例的判决依据是2017年《行政诉讼法》第74条第2款的第1项和第2项以及2018年《行诉解释》第81条第3款。从

① 参见黑龙江省鸡西市中级人民法院行政判决书,(2019)黑03行初11号。

《行政诉讼法》第74条的立法来看，其第2款的第1项和第2项是并列关系，此判决中针对一个行政行为却同时适用了两个并列的法律条款，究竟是立法对此的区分标准不明确，还是法院适用法律错误？究竟何为“不具有可撤销内容”，其在法条中和具体案例中该作何理解？

（四）D类案例：2017年《行政诉讼法》第74条第2款的第2项与第3项的边界何在

案例一：上诉人南京市栖霞区市场监督管理局与被上诉人尤忠华物价行政管理纠纷案。[1]

尤忠华诉南京市栖霞区市场监督管理局（以下简称栖霞区市场局）在两个月内未对自己的价格违法的举报行为作出处理，一审法院经审查认为，截至诉讼中，两个月期满，栖霞区市场局仍未对尤忠华的举报作出处理，即使栖霞区市场局在2019年2月28日告知尤忠华不予立案、举报办结，栖霞区市场局仍构成拖延履职。由于尤忠华一审庭审中表示对行政机关的后续处理另行行使其权利，未撤诉，故应确认栖霞区市场局拖延履行法定职责违法。综上，依照《中华人民共和国行政诉讼法》第七十四条第二款第（三）项之规定，原审法院判决：确认栖霞区市场局拖

① 参见江苏省南京市中级人民法院行政判决书，（2019）苏01行终713号。

延履行法定职责违法。一审案件受理费50元,由栖霞区市场局负担。

案中,原栖霞区物价局在一审审理过程中向尤忠华作出《价格举报办理结果告知书》,属于一审期间改变被诉行政行为,且尤忠华在一审庭审中表示对后续处理另行行使其权利,属于“被告改变原违法行政行为,原告仍要求确认原行政行为违法的”情形,故原审法院确认栖霞区市场局对尤忠华的举报拖延履行法定职责违法,符合上述法律规定。上诉人的上诉意见,缺乏法律依据,本院不予支持。

案例二:刘军诉聊城市发展和改革委员会信息公开案。[①]

原告刘军诉聊城市发展和改革委员会(以下简称聊城市发改委)信息公开,一审法院判决聊城市发改委向刘军公开信息,但该发改委在一审结束后未将信息全部向刘军公开。刘军上诉,二审庭审后,被告再次将剩余的政府信息向原告进行了公开。二审法院认为聊城市发改委的做法属于改变了原违法行政行为,原告仍要求确认原行政行为违法,应对被告的原违法行为作出确认判决。综上,被告在作出被诉答复后,又以作出补充答复的形式改变了原行政行为,并已将其保存的政府信息全部向原告进行公开,原告仍要求确认原行政行为违法,应对被告的原

① 参见山东省聊城市中级人民法院行政判决书,(2019)鲁15行终227号。

违法行为作出确认判决。依照《中华人民共和国行政诉讼法》第七十四条第二款第(二)项之规定,判决确认被告聊城市发改委于2018年11月15日、2019年1月3日作出的《关于古城区保护改造项目批复文件信息公开申请的答复》违法。

案例三:绍明与武汉市青山区人民政府行政纠纷案。[①]

原告绍明请求法院撤销武汉市青山区人民政府(以下简称青山区政府)的行政行为。在该案审理过程中,青山区政府改变了其行政行为,但原告绍明仍要求法院确认青山区政府的原行政行为违法,一审法院认为,被告青山区政府已经改变了原违法行政行为,作出了新的行政行为。所以一审法院认为原告绍明再要求确认原行政行为违法缺少权利保护必要性,原告已无确认利益可言,所以并没有对青山区政府的原违法行为作出确认违法判决,而是作出驳回原告的诉讼请求的判决。

案例四:龙锐公司与来安县城市管理行政执法局行政纠纷案。[②]

龙锐公司要求撤销来安县城市管理行政执法局(以下简称城市执法局)查处其建设工程规划许可证的违法行政行为。在诉讼过程中,城市执法局已依法履行城市管理行政执法的法定

---

① 参见湖北省高级人民法院行政裁定书,(2019)鄂行终1048号。

② 参见安徽省来安县人民法院行政判决书,(2019)皖1122行初7号。

职责，改变其原违法的行政行为。龙锐公司仍要求法院对城市执法局原违法行政行为作出确认判决。法院经审查，依照《中华人民共和国行政诉讼法》第七十四条第二款第（二）项判决确认城市执法局未依法履行城市管理行政执法的法定职责的行为违法。

在D类案例一和案例二中，同样是被告改变原行政行为，原告仍要求确认原行政行为违法，但是法院作出判决的依据却不同，案例一依据的是第74条第2款第3项，而案例二依据的是第74条第2款第2项。同样是行政机关未按期履行法定职责，为什么案例一行政机关的行政行为就构成了拖延履行职责，而案例二中就没构成呢？所以问题是什么是拖延履行法定职责、什么是不履行法定职责？案例一中，尤忠华诉栖霞区市场局在两个月内未对其价格违法的举报行为作出处理，而在诉讼中，栖霞区市场局在2019年2月28日告知尤忠华不予立案、举报办结，显然是属于拖延履行法定职责的情形，原审法院依照2014年《行政诉讼法》第74条第2款第3项之规定，判决确认栖霞区市场局拖延履行法定职责违法。二审法院也认为，原审法院确认栖霞区市场局对尤忠华的举报拖延履行法定职责违法，符合上述法律规定。通过该案例可知，不管是一审法院还是二审法院均认为，“拖延履行”是行政机关已经履行了法定的职责，但履行职责的时间超出了法律规定的期限。与此相反，在“李鑫诉句容市市场监督管理局履行法定职责案”[①]中,法院认为行政机关超期未履行职责的行为为“拖延履行法定职责”,即从结果上来看,行政机关在判决时尚未作出行政行为。上述案例说明“拖延履行”法定职责是否为行政主体已经履行职责,在司法实践中也未形成统一意见,关于拖延履行究竟是履行了还是没履行依然无定论。判断拖延履行与不履行的标准是什么?这在确认违法判决中有何特殊的意义?这些问题均有待进一步探讨。还有一个值得注意的问题是,《行诉解释》第 81 条规定:行政机关一审期间改变原行政行为的,应当书面告知法院,D 类案例二中,被告是在二审期间改变的原行政行为,是否需要书面告知法院?

如上 D 类 4 个案例都是对继续确认之诉作出的确认违法判决,案例一、二、四都未提到确认违法判决需要原告有确认利益,而案例三中却因为原告无确认利益,作出驳回诉讼请求的判决。那么确认违法判决是否需要确认利益的要件要求?

---

① 被告收到原告的投诉信之后,告知原告将进一步调查处理,但直至原告提起诉讼之日,被告仍未作出处理决定,也未将处理过程告知原告,句容市人民法院认为被告未在法律规定的期限内作出处理,其行为已经构成拖延履行法定职责,作出责令被告在一定期限内作出处理的履行判决。参见江苏省句容市人民法院行政判决书,(2016)苏 1183 行初 48 号。

(五)E类案例:无效行政行为是否受起诉期限的限制

案例一:岳阳市湘丰实业有限公司、岳阳市屈原管理区管理委员会文化行政管理行政纠纷案。[①]

原审法院认为,屈原区土地储备中心与岳阳市湘丰实业有限公司(以下简称湘丰公司)签订的《土地使用权收购协议书》时间为2017年3月27日,屈原区文广局与湘丰公司签订的《湘丰实业公司纠纷调解协议书》时间为2017年3月28日,作为行政相对人的湘丰公司若认为被告的上述行为侵犯了其合法权益,至迟也应当在2017年9月28日之前向人民法院提起诉讼。而事实上湘丰公司在2018年3月才向法院提起行政诉讼要求撤销涉案的两份协议,此诉已明显超过了法定的起诉期限,故驳回起诉。二审法院认为,由于行政案件属于公法诉讼,涉及公共利益和社会管理秩序的稳定性,所以对起诉是否符合法定条件,包括是否超过法定起诉期限,人民法院应当依职权进行审查,并非当事人不主张人民法院不审查的事项原审未能依职权审查涉案协议的无效性。2018年《行诉解释》第九十四条规定,公民、法人或者其他组织起诉请求撤销行政行为,人民法院经审查认为行政行为无效的,应当作出确认无效的判决。所以即便

① 参见湖南省高级人民法院行政裁定书,(2019)湘行终1395号。

是在起诉期限已过的情况下，若涉诉协议明显存在无效情形，无效协议自始无效。本案涉诉协议存在签订主体不适格、所依据评估报告存在问题等导致协议无效的情形，故应受理此案。最终二审法院作出确认行政协议无效的判决。

案例二：安福县寮塘村雷江第三村民小组、安福县寮塘村雷江第四村民小组与寮塘村委会签订《土地征用协议书》行政纠纷案。①

法院经审理认为，虽然村民与村委签订的土地征收协议书超过了一般的法定诉讼时限，但经审查，该协议的签订主体不具有行政主体资格，所以认定该征收协议无效。而一般诉讼时效不能约束对无效行政行为提起的诉讼，即无效行政行为不受诉讼期限的限制，无效的征收协议不因时间的流逝而转化为有效。②

在E类案例一中，一审法院和二审法院对无效行政行为的起诉期限在分歧，案例一的一审法院认为无效行政行为在法律

① 参见江西省高级人民法院行政裁定书，(2019)赣行申113号。

② 该法院在其判决书中写道：无效的行政行为和可撤销的行政行为区别在于，前者的违法情形已明显到任何有理智的人都能够判断的程度，因而其没有公定力，不必经法院等权威机关确认，公民就可以根据自己的判断而不服从；后者则具有公定力，其在被法院等权威机关撤销之前被推定为有效，公民无权根据自己的判断而不服从。无效的行政行为自始无效，应当适用确认判决，即确认该行为无效，从而恢复当事人的合法权益。当事人选择提起确认无效之诉，不必像提起撤销之诉那样遵守严格的起诉期限。确认无效之诉并没有真正意义上的期限，因为在任何情况下，一个自始无效的行政行为都不可以通过期限被耽误，而获得一种确定力。参见江西省高级人民法院行政裁定书，(2019)赣行申113号。

没有特别规定的情况下,受一般起诉期限的约束,而案例一的二审法院和案例二中的法院认为无效行政行为不受起诉期限的拘束。那么问题就在于,法律无明文规定的情况下,确认无效之诉是否受起诉期限的约束?

第五章　我国行政诉讼确认判决制度的完善

自2000年的《行政诉讼执行解释》增加确认判决这一判决形式以来，确认判决在行政诉讼中方得适用。直至2014年《行政诉讼法》第74条和第75条将确认判决写入法律，确认判决由此在立法中正式确立。为彻底解决行政纠纷，在2014年《行政诉讼法》的第76条对确认违法或无效判决中的行政机关承担赔偿责任或采取补救措施作出了规定，2017年《行政诉讼法》对此全部继承。2018的《行诉解释》对确认判决进一作出解释，可以说确认判决在法律规范方面得以完善。尽管如此，确认判决在理论和实践中依然存在一些缺陷和漏洞需要修补和填充。基于前面章节对确认判决的论述，笔者将最终的落脚点回归到我国确认判决制度的完善上来。结合我国的具体情况，笔者认为我国应建立完整意义上的确认法律关系之判决，并对立法中确认违法判决与确认无效判决之地位作出区分，区分补充性地位与专属性地位，以及对其适用条件作出分析与说明，从而对我国行政诉讼确认判决相关立法进行完善，以期帮助解决确认判决在行政审判中的适用困难，促进行政机关依法行政、解决行政争议，并最终达到为行政诉讼原告方提供权利无漏洞的保护之目的。

第一节　建立完整意义上的确认法律关系判决

所谓“诉判”，必须既有“诉”又有“判”，诉的出现必须有与之对应的判决类型或判决形式，且对应的判决类型必须恰当，否则“诉”没有“出口”。当前我国已经出现了确认法律关系之诉的雏形。

一、确认行政法律关系诉讼与判决的雏形显现

2014 年我国《行政诉讼法》修改，将行政协议纳入行政诉讼的受案范围，2017 年《行政诉讼法》第二次修改完全涵盖上

述规定。[①] 2020 年《行协规定》第 9 条第 3 款规定“请求判决确认行政协议的效力”属于 2017《行政诉讼法》第 49 条第 3 项规定的“有具体的诉讼请求”。这说明行政协议中非行政机关的一方当事人可以请求人民法院确认行政协议是否有效。确认行政协议的效力，就是确认协议双方当事人之间的权利义务关系，对行政协议是否有效提起的诉讼就是对当事人之间的权利义务关系提起的确认诉讼。至此，可以说我国行政诉讼存在确认行政法律关系之诉。

所谓“诉判”又有先诉后判之意。每一个诉讼都有与之对应的判决，而且先诉后判的顺序无法改变也不能改变。既然立法上和司法实践中已经出现了确认关系之诉，“诉判”中的“诉”已经出现，那么与之对应的确认法律关系的“判”也应紧随其后，现身说法。第四章中的 A 类案例进一步说明我国不仅在立法上出现了确认法律关系之诉，而且在实践中也出现了确认法律关系的判决。A 类案例中，原告起诉的目的旨在让法院确认行政协议有效进而确定协议所涉及的双方的权利义务之法律关系存在。显然在上述案例中，法院在判决中，认为法律关系可以作为确认判决的对象，并作出确认协议有效

① 2014 年、2017 年《行政诉讼法》第 12 条第 1 款第 11 项规定：“认为行政机关不依法履行、未按照约定履行或者违法变更、解除政府特许经营协议、土地房屋征收补偿协议的”属于行政诉讼的受案范围。

的判决。尤其在案例二中,法院已经明确表明行政诉讼中确认判决是公民、法人或者其他组织请求人民法院针对行政法律关系的存在与否、有效与否以及违法与否予以确认的一种诉讼类型。虽然表述不太清楚、准确,但意思是明确的,即行政法律关系可以成为行政诉讼确认判决的对象,法院可以作出确认法律关系的判决。

值得注意的是,立法中与确认法律关系之诉对应的判决以“确认行政协议有效”的“面孔”出现。由2014年修正的《行政诉讼法》可知,在判决方面,立法机关删除了“确认合法”这一判决形式,以顺应“监督行政机关”之立法目的,回归司法权与行政权分权制衡之本位。所以,此次修法去除“确认合法”之判决形式,可谓是顺“万民之心”,如“众人之意”。但2020年《行协规定》却为“确认行政协议效力的诉讼”设置了“确认合法、有效”的判决形式。从当前的判决体系来看,并不允许有“确认合法”的判决出现,那么“确认有效”的出现原因何在,是否合理呢?仔细分析不难发现,为行政协议效力诉讼配置的确认行政协议有效的判决与1989年《行政诉讼法》规定的“确认合法判决”存在质的差别,二者有着根本的不同。1989年的“确认合法判决”是法院对行政机关的“具体行政行为”的合法性的判断。而此处的“确认行政协议合法或有效”是在行政行为合法性无争议的情况下，法院对行政协议的内容以及协议双方当事人的行为进行审查，作出的行政协议效力的判断，而非单纯的对行政行为合法性的判断。所以“确认行政协议合法、有效”之判决形式的出现，是司法实践的需要与立法供给之间的协调，并非要“故伎重演”，将已经删除的“确认合法判决”重新归位于行政诉讼判决的“家族”中，也不是让“确认合法”判决重返行政诉讼判决体系，更不会陷入“司法维护行政的泥淖”之中。“确认行政协议有效”之判决形式仅仅是针对带有行政性质的行政协议效力作出肯定判断的一种制度安排。故一定要仔细辨别，此“协议合法、有效”之判别，非昔日“行政行为合法”之判决。

二、建立完整意义上的确认法律关系判决

行政法律关系是一个内涵丰富的概念，不仅仅涵盖行政协议中的权利义务关系，还包括更广义的当事人法律地位、公务员法律地位、将来法律关系等。当前公职人员以及事业单位人员的权利受到不利处分时，只能寻求内部救济，而行政机关内部的审查和复议因其依然属于内部行为，难以避免会存在不公正、不公开、不透明等问题。在这种情况下，当事人受损害的权利无法得到救济。因此，应将其纳入行政确认

诉讼中来，为其开启诉讼之门，并对公职人员提起的确认身份、地位的诉讼设置对应的判决形式，即确认法律关系的判决。随着行政管理或服务范围的扩增，行政法律关系的内容愈加充实，所以在行政法律关系之诉中，诉的内容将愈加丰富多样。确认法律关系的判决因其更具有周延性而更能适应确认法律关系诉讼的复杂性与多样性。因此，从长远来看，在立法上应建立和完善确认法律关系的判决，并为其设定适用规则。

建立预防性确认判决。基于前述关于确认法律关系的判决的地位分析，存在处于补充性地位的确认法律关系的判决和处于专属性地位的法律关系的判决。处于补充性地位的法律关系的判决，尽管只具有宣示意义，但是由于其他判决方式适用不能或不宜适用，作出确认判决能够为原告提供最低限度的救济。确认法律关系的判决并非仅仅确认现在或过去法律关系存在与否，其还可以对未来的法律关系作出判决，即作出预防性的确认判决，而将未来的法律关系纳入行政诉讼中来，其原因在于，此时行政行为尚未作出，但基于已经存在的事实可知，相对人的权益受损势必发生，此时对将要发生的法律关系进行确认，能保护相对人的合法权益，此时应允许其提起确认将来法律关系的诉讼，并设置预防性确认判决与之相适应。预防性确认判决尽早地确认了权利义务关系。例如在具体案件中，与其一个个地确认学生有没有入学资格，不如直接确认哪些学校有资格接收学生更能解决问题，预防性确认判决既经济又速度，避免后续更多同等、类似、大量的纷争。由于预防性确认判决的确认对象为将来的法律关系，此时行政行为尚未作成，因此撤销判决等其他判决类型无法适用，所以预防性确认判决处于专属性地位，且与其他判决类型之间是排斥关系。对未来法律关系进行确认，是给当事人提供的最高限度的救济，是此情形中唯一的判决形式。① 易言之，除预防性确认判决能为未来法律关系的当事人的权利提供保护之外，其他判决类型都无提供保护的可能性。若无预防性确认判决，则只能任由当事人权利处于危险境地了。另外，随着法治环境的转变，现实中司法的独立性逐步增强，行政权对司法权尊重度提高，确认法律关系的判决也会更多地得到行政机关的认可与遵守。

将“确认利益”作为阻隔滥诉的过滤器。至于对确认法律关系的判决可能会造成诉讼程序的滥用之担心，完全可以通过设置确认利益为适用确认法律关系之诉的限制要件来解决。在起诉程序中设置起诉要件，对当事人提出的确认法律关系之诉进行过滤，即“原告拥有确认利益”且该利益有

① 参见解志勇：《预防性行政诉讼》，载《法学研究》2010 年第 4 期。

被侵害的现实危险性,需要及时地给予救济。如果行政法律关系因行政行为而发生,则当事人的争议应当首先通过提起撤销诉讼的方式解决,从而使行政法律关系因失去存在依据而自然消灭,但是,如果原告对此不提起撤销诉讼而听任行政行为最终完成,然后再以无起诉期间限制的确认法律关系诉讼主张因该行政行为产生的行政法律关系存在或不存在,这是不允许的,因为其不仅将导致行政行为的效力长期处于不确定状态,而且在事实上也架空了撤销诉讼的中心地位。因此,在原告的权益能够通过撤销诉讼或者给付诉讼得以实现时,就不应允许其提起确认诉讼,法院也不能对其作出确认判决。仅当撤销诉讼等其他诉讼无法提起或不宜提起,当撤销判决或履行判决不宜作出或无法作出时,才能提起确认之诉,进而作出确认判决。不得不说明的是,即便是处于专属性地位的预防性确认诉讼与预防性确认判决,也需要确认利益这一过滤器。法院在预防性确认之诉案件审理的过程中,因损害尚未发生,更要严格审查原告是否有应予保护的确认利益,对确认利益仔细甄别,以此来防止诉讼程序被滥用。①

① 参见王贵松:《论行政诉讼的权利保护必要性》,载《法制与社会发展》2018年第1期。

在实践中，法院也应该认真辨别具体案件是否为确认法律关系的案件。如郝曙亮诉东营市垦利区卫生健康局社会抚养费征收纠纷案，①该和解协议的内容虽然为权利义务关系，但因为该案是执行案件中的庭前和解，并非真正意义上的诉讼案件，所以不能适用确认判决。

第二节　确认违法判决不足之调整

我国行政诉讼确认违法判决对应的是2017年《行政诉讼法》第74条的5项内容，可以说适用的情形多样，但在众多的适用情形之中存在着交叉与重合的问题，即法条之间的边界存在重叠之处，导致其在实践中适用混乱。尤其是第74条各项之间存在着交叉关系，究其原因主要是对"拖延履

---

① 案件详情为：原告郝曙亮诉称，被告东营市垦利区卫生健康局于2018年12月20日作出垦费征字（2018）45号社会抚养费征收决定书，因原告郝曙亮未履行缴纳抚养费46815元的义务，东营市垦利区卫生健康局向法院申请强制执行。2019年10月10日，经东营市垦利区行政争议审前和解中心调解，双方达成垦行审和字（2019）2号行政和解协议书，和解内容为共四项。为保证和解协议的履行，原告要求法院确认以上和解协议的效力。依照《中华人民共和国行政诉讼法》第一百零一条，参照《中华人民共和国民事诉讼法》第一百九十五条之规定，判决如下：确认东营市垦利区行政争议审前和解中心于2019年10月10日出具的垦行审和字（2019）2号行政和解协议书有效。参见山东省东营市垦利区人民法院行政判决书（2019）鲁0505行初25号。

行”法定职责、“不履行”法定职责[①]以及“程序轻微违法”之间的关系尚未厘清。因此笔者认为要首先梳理“拖延履行”法定职责与“不履行”法定职责之间的关系、“行政机关改变行政行为”与“行政不作为”之间的关系，并对此作出分析、说明与论证。

一、“拖延履行”法定职责之分析

（一）“拖延履行”法定职责本质之澄清

为减少和避免司法实践中出现“拖延履行”法定职责与“不履行”法定职责适用的混乱状况，必须要厘清“拖延履行”法定职责与“不履行”法定职责之间的关系。关于二者之间的关系，学界存在两种观点：一种观点认为“拖延履行”法定职责隶属于“不履行”法定职责，是行政主体“不履行”法定职责的一种表现形式。[②] 另一种观点认为“不履行”法定职责不包括

---

① 需要说明的是，在本文的所有章节中涉及“不履行”法定职责与“行政不作为”二者的内涵与外延完全相同，只是在行文中为了表达上的顺畅，在不同的段落或章节，有时使用“不履行”法定职责，有时使用“行政不作为”，特此说明。详解见本章第二节的标题三“确认违法判决之完善”下的内容。

② 参见章剑生：《行政诉讼履行法定职责判决论——基于〈行政诉讼法〉第54条第3项规定之展开》，载《中国法学》2011年第1期。

"拖延履行","拖延履行"与"不履行"是两个并列的概念,[①]认为"拖延履行"法定职责只是没有及时作出行政行为,最后是作出了行政行为的,而不是最终的不作为。所以"拖延履行"与"不履行"之间并非上下级之间的隶属关系,即"拖延履行"并不是"不履行"的行为方式,不属于"不履行"。"不履行"法定职责旨在强调行政主体负有履行职责的义务而不履行职责,"拖延履行"法定职责则是行政主体本应及时履行行政职责,却拖延至法定期限或者合理期限之外履行。[②] 即从结果上来看"不履行"法定职责最终没有履行法定职责,而"拖延履行"法定职责是最终履行了法定的职责,只不过是超过了规定的期限,是一种超期履行行为,属于履行了职责的范围。

由上述分析可知,在规定的期限内,不管是行政机关"拖延履行"法定职责,还是行政机关"不履行"法定职责,其结果都是行政机关没有履行法定职责。但不同的是,在规定的期限之后,被评价为"拖延履行"法定职责主体的行政机关履行了法定职责,而被评价为"不履行"法定职责之行政主体的行政机关依然没有履行职责。所以在规定的期限内,"不履行"

① 所谓行政主体"拖延履行"法定职责是指行政主体在行政执法中没有及时实施相应的行政行为而使行政相对人在特定行政执法中权益受损的状态。参见陈骏业:《不履行、拖延履行法定职责的一种学理阐释》,载《法商研究》2004 年第 2 期。

② 参见余洋:《论行政诉讼中的"拖延履行法定职责"》,载《苏州大学学报(法学版)》2019 年第 1 期。

与“拖延履行”二者存在重合部分，但在期限外二者属于平行关系。可见，将某一违法行政行为评价为“拖延履行”的前提是“行政主体已经履行了行政职责”。所以判断行政机关的行政行为属于“拖延履行”法定职责还是属于“不履行”法定职责，只需要看最终的结果，即看行政机关最终是否履行了法定职责。看到“拖延履行”与“不履行”法定职责的区别，并厘清二者在超过规定期限外的平行关系，就能避免二者在适用上的混同。

既然“拖延履行”法定职责不属于“不履行”法定职责，那么它属于什么？该怎样对其进行评价？法定程序是指法律规定行政主体在实施行政行为的过程之中所必须遵守的步骤、行政行为的作出方式、行政行为的作出顺序以及行政行为作出的期限等。[①] 而“拖延履行”法定职责是行政主体没有按照规定的期限作出行政行为，违反了法定程序中的“时限”要求，属于违反法定程序的情形，所以应将行政机关“拖延履行”法定职责的行为评价为“违反法定程序”。

（二）“拖延履行”法定职责判断标准之确立

“拖延履行”法定职责是行政主体对行政程序期限的违

---

① 参见季卫东：《法律程序的意义——对中国法制建设的另一种思考》，载《中国社会科学》1993 年第 1 期。

反，因此，认定某行政行为是否构成“拖延履行”法定职责的关键就在于对期限的认定。期限分为法定期限、约定期限、合理期限三种。所谓法定期限即是法律、法规等规定行政机关作出行政行为必须遵守的时限，法定期限必须清晰明了。在具体的案件中，行政机关作出的行政行为是否遵守了法定期限，法官可以依据相关法律、法规判断，也可以参照规章对其作出判断。约定期限与法定期限一样清晰明了，是双方当事人之间约定的期限。如在行政协议案件中，原被告双方当事人除约定双方的权利义务外，还约定了当事人履行义务的期限，如在行政协议中约定，行政机关须在60日之内将某块用于建设自来水公司地上的房屋拆除完毕。无特殊原因和情况，行政机关超出60日才将该地块上的房屋拆迁完毕就属于拖延履行，此时的60日就是约定期限。合理期限则是立法留下的空间，即在立法时存在一些客观的原因，导致立法者无法规定一定的期限来约束行政机关的行政行为，但又不能放任行政机关随意地行使职责，所以又要对其进行一定的约束和规制。对合理期限的判断应当按遵循正当程序原则，若行政机关作出行政行为明显超过合理的期限，则应对其行为作出否定性的评价。对合理期限的判断还应该结合具体个案的复杂状况、行政行为的违法程度等。判断行政主体是否在法定期限或合理期限或约定的期限内履行了行政职责，是识别与认定行政机关是否“拖延履行”法定职责的标准。

二、行政机关“改变行政行为”之认定

从广义上来说，“被告改变原违法行政行为”中的“改变”包括“作为行为”的改变以及“不作为行为”的改变。其中“作为行为”的改变包括行政机关撤销原违法行政行为以及变更原违法行政行为。而“不作为行为”的改变是行政机关由不作为到作为的变化，不作为即为前述的不履行。由“不履行”到“履行”中的“不履行”既然可以称为“不履行”，其行政机关肯定是在法定期限、约定期限或合理期限内未履行法定的职责，而从“不履行”到“履行”，即行政机关在法定、约定或合理的期限外履行了法定的职责。由此观之，行政机关由“不履行”（不作为）到“履行”（作为）的改变之情形，完全等同于行政机关“拖延履行”法定职责之情形。从结果来看，二者均为履行了法定职责；从过程来看二者均违反了期限的要求。所以应将行政机关由“不履行”到“履行”的改变看作一个整体过程，并以“拖延履行”法定职责作出最终评价，而不再对先前的法定期限内“不履行”行为单独评价。若将行政机关在法定、约定或合理期间未履行法定职责的行为单独评价为对行政行为过程的割裂，若将前行为评价为行政机关“不履行”法定职责

进而作出相应的履行判决，那么之后行政机关“履行职责”的行为又该如何定性和评价？且若对之前不履行法定职责的行为作出履行判决，则与行政机关后来履行法定职责的行为重复。所以应对行政机关由“不履行”到“履行”的改变作出整体评价即评价为“拖延履行”法定职责，且将行政机关改变行政行为限缩解释为“作为行为的改变”，即行政机关改变原违法行为仅仅是指行政机关撤销或变更原违法行为。

三、确认违法判决之完善

由于2000年的《行政诉讼执行解释》关于确认判决的规定已经被2017年《行政诉讼法》第74条、第75条以及2018年的《行诉解释》确认判决的相关条款所辩证地吸收，2000年《行政诉讼执行解释》已失效，所以以下与确认违法和确认无效判决相关立法的解读不再包括2000年《行政诉讼执行解释》，仅包括2017年《行政诉讼法》和2018年《行诉解释》中确认违法判决的相关内容。

关于确认违法判决的立法在2017年《行政诉讼法》第74条，2018年《行诉解释》对确认违法判决的部分情形也作出了解释，所以对确认违法判决的解读是在上述立法及司法解释的基础上展开的。

(一)利益衡量之下的确认违法判决

2017年《行政诉讼法》第74条对确认违法判决作出了规定。[①]由第74条第1款的内容可知,此处的确认违法判决是由撤销判决转化而来的。不管是第74条第1款第1项的情况判决之情形还是其第2项的程序轻微违法之确认违法判决之情形都符合撤销判决的适用情形。易言之,此两种情形在不考虑其他因素的情况下,适用撤销判决。但是第一种情形要考虑"国家利益、社会公共利益"等因素,经过利益的衡量,最终作出了确认判决。第二种情形中只因为程序轻微违法,违法的程度不够"深刻",且对原告的权利没有造成实质性的影响与损害,基于上述因素的考量,在诉讼经济等原则的指导下,作出确认违法判决而放弃撤销判决的适用。

第一种情形所适用的判决为确认违法判决,此种情形下的确认判决又被称为情况判决,在日本被称为情势判决。有关公共利益的概念存在于各个国家的法律之中,并成为各个国家公权力运行过程中不可或缺的一个基本要素。但是到底

① 2017年《行政诉讼法》第74条第1款的前2项规定:行政行为有下列情形之一的,人民法院判决确认违法,但不撤销行政行为。(一)行政行为依法应当撤销,但撤销会给国家利益、社会公共利益造成重大损害的;(二)行政行为程序轻微违法,但对原告权利不产生实际影响的。

什么是公共利益,却没有哪个国家的法律有明确的规定。[①] 而且公共利益的内涵在不同时代和不同国家存在极大区别。如美国《宪法修正案》第5条将公用征收的目的明确限定为"公共使用"。然而随着公共需要的不断拓展,仅仅将征收的目的定义为公共使用已经不能满足行政的需要,于是将"公共使用"扩展为公共利益、公共目的、公共需要等。由此可见,公共利益是动态发展的,对其下定义确属困难。无独有偶,在国内的情况判决中,对国家利益、集体利益等"公益"进行认定和判断也存在难题。"公益"是一个抽象的概念,无论是国家利益层面的公共利益,还是集体利益层面的公共利益,其内涵都具有不确定性,界定起来困难有加。但总体而言,国家利益应以主权为基础,包括国家安全、领土完整等事关国家在外事活动和全国性经济社会发展中的利益。相对来说集体利益则侧重于国家内部某一区域内不特定多数公众的共同福祉,如城市化建设、公物设置、民生行业价格调整等。[②] 即便如此,公益概念的内涵与外延仍然十分模糊,存在诸多的不确定性,令人捉摸不透,似乎只要跟公益有联系的事物都可以冠以公益之名。行政主体是代表国家以公益为口号行使行政职权,所以

① 参见梁上上:《利益衡量的界碑》,载《政法论坛》2006年第5期。
② 参见孙建:《法律适用中的国家利益》,载《政法论坛》2011年第6期。

行政机关的绝大多数行为都是与公益挂钩的。除此之外对“重大”的认定也存在困难，相比于公共利益的认定，重大的认定更充满了不确定性，似乎对其的认定可以更加“任性”和“随心所欲”。此种情况下，情况判决有被扩大适用的可能，且事实上就是存在被滥用的情况，违法但被肯定其效力的行政行为会更多地“存活”下来，造成了不良的社会后果。在实践中，由于该条款为行政机关违法的行政行为“开绿灯”，行政机关明知自己行为违法而坚持作出违法行为，最终的结果最多就是认定该行政行为违法。如此一来，不仅依法行政原则得不到践行而形同虚设，公民的权益也存在被损害的风险。

既然“公益”如此难以认定，“重大”又无法较好地权衡，情况判决在实践中的适用如此“不堪”，是否我们应该舍弃此种判决形式呢？贸然剔除此种判决形式未免过于果断，存在即有其合理性，我们的努力方向应该是对情况判决被滥用的情况进行规制。

1. 规制情况判决的适用——利益衡量的引入

基于“公益”和“重大”的判定具有较大的主观性和随意性，而使得情况判决存在被滥用的情况，我们可以引入利益衡量来权衡此类案件，以此来判断个案究竟适用确认违法的情况判决还是适用撤销判决。所谓利益衡量是指对各方的利益进行衡量和评价并作出取舍。利益衡量的本质则是为了保护特定的利益而牺牲了其他的利益，此处所指的利益皆指具有被保护价值的利益。

利益衡量的唯一主体是法官，所以正如学者所说："利益衡量方法将法官上升为社会公共利益和个人利益冲突的协调者和仲裁者。法官通过利益衡量，判断何者利益更为重要和重大，最大可能地增进社会的整体利益。"①在确认判决中引入利益衡量，就是要促使法官对个人利益与公共利益从"质"和"量"两方面进行对比和衡量，既要将个人利益与公共利益同质性相比较，又要将个人利益和公共利益的大小做比较，以此来审视保护哪一种利益会更公平公正、更有效率，哪一种判决形式更适合适用。利益衡量给法官作出公平正义的判决提供了指引，并时刻提醒法官不能踩"红线"，而应坚守底线。

2. 法官作出情况判决应遵循的原则

不得不提的是，利益衡量的主体是法官，法官是一个有思想和偏好的个人，在对各方利益进行取舍的时候，难免会把主观因素夹杂其中。为了使公平正义被分配得更加客观、判决形式实现最优的选择适用，法官进行利益衡量须遵守以下

---

① ［美］E. 博登海默：《法理学——法哲学及其方法》，邓正来等译，华夏出版社1987年版，第138~139页。

原则：

合法原则。公民要做守法公民、行政机关要依法行政、法官要依法审判。利益衡量时法官要遵守合法原则，就是要求法官进行利益衡量的程序合法和实体合法。如上所述，程序合法就是法官需要按照法律规定的方式、步骤等对各方的利益进行衡量。所谓实体合法就是法官进行利益衡量之后得出的结论即作出的判决，要与保护权利、监督行政、化解纠纷的立法目的相一致。

全面原则。在法官在进行利益衡量时，要尽可能地把所有值得保护的利益都考虑进去，做到尽可能全面，而且对这些值得保护的利益之衡量要考虑其背后的客观因素。① 在情况判决中，对原告一方当事人利益的保护不仅在于使其获得事后赔偿，还包括在选择适用情况判决的过程中，对利益的衡量不单单考虑公共利益，还应把个人利益加入利益衡量的序列。国家利益、公共利益不能成为否定个人利益的理由，如果发生利益冲突，三者利益应当在最大限度内获得兼顾与平衡。② 不能因为国家利益、集体利益的量和质等某一方面的因素占优势，就盲目地作出情况判决。完全牺牲个人利益来换取公共

① 参见李秀群：《司法中的价值衡量》，载《法律方法》2005 年第 1 期。

② 参见沈岿：《平衡论：一种行政法认知模式》，北京大学出版社 1999 年版，第 230 页。

利益,不是情况判决这一判决形式设置的初衷,也不符合行政诉讼的目的。[①] 相反,在行政诉讼制度的安排上,更应该保护弱势的相对人的利益。

各方利益最大化原则。利益最大化就是牺牲最小的利益而最大限度地满足各种相关利益要求,在冲突的利益之间进行权衡之后的妥协方案中,应在确保优位利益的同时把让位利益的牺牲程度降到最低。[②] 也就是说,法律应该促进相关利益的最大化整合,或者保证在对某些重要利益的维护与对其他相关利益的最小牺牲之间寻求接近最佳的平衡点。只有这样,才能获得一个比较合理的、具有说服力的、可以接受的判决。公共利益与个人利益的保护应杜绝单纯以经济利益为取向,因为单纯地以经济利益为导向会造成价值的扭曲。[③] 由于行政机关施行程序所花费的成本比私人因此所得到的利益更为明显可见,仅仅评价经济利益,并据此作出判决,将会导致个人的利益受到损害的频率不合理地增大。[④]

---

① 参见张光宏:《利益衡量中的司法公正》,载《法律适用》2009 年第 1 期。

② 参见章剑生:《论利益衡量方法在行政诉讼确认违法判决中的适用》,载《法学》2004 年第 6 期。

③ 参见章剑生:《论利益衡量方法在行政诉讼确认违法判决中的适用》,载《法学》2004 年第 6 期。

④ 参见叶俊荣:《环境行政的正当法律保护》,1997 年自版发行,第 79 页。转引邓世豹、付晓君:《情况判决中个人利益的保护》,载《法治论坛》2007 年第 3 期。

3. 对牺牲的个人利益进行赔偿——遵守填平规则

诚如章剑生教授所言:"一种利益获得法律保护而导致另一种利益的牺牲在实现生活中有时确实是一种无奈,但是法院如果能够给出一个妥当性解决的方案,这或许可以消解当事人的一些无奈。"①司法制度完善的一个重要标志就是权利救济制度的完善,而法院适用法律的中心问题则是,如何妥善地处理纠纷、化解矛盾。在此司法理念指导下,情况判决应在确保优位利益实现的同时,最大限度弥补个人利益的损失,并遵守填平规则,只有这样才能切实有效地解决行政争议。

值得说明的是,在我国,情况判决隶属于确认违法判决,并属于处于补充性地位的确认违法判决。情况判决的适用牵扯到对公益和私益的衡量,既要严格衡量公共利益和个人利益,进行取舍,还要衡量在此情形下,撤销判决能否完全排除适用,所以对情况判决的适用要格外谨慎。此判决形式牵扯的利益和考量因素较多,所以法官应严格遵守依法审判的程序要件与实体要件,把控处于补充地位的确认违法判决的适用规则,只有这样,最终作出的情况判决才是妥当的、适法的、权威的、值得遵守的判决。

---

① 章剑生:《论利益衡量方法在行政诉讼确认违法判决中的适用》,载《法学》2004 年第 6 期。

(二)程序轻微违法之确认违法判决

1. 相关立法及司法解释的解读

2017年《行政诉讼法》第74条第1款第2项是关于程序轻微违法,但对原告权利不产生实际影响的确认违法判决。2018年《行诉解释》第96条列举了程序轻微违法的几种情形,并对原告的重要程序性权利作出了解释。程序轻微违法并且对原告权利不产生实际影响两个条件同时满足才能作出确认违法判决。如前所述,此种情形下的确认违法判决是由撤销判决转化而来的,即对违法行政行为不适用撤销判决而适用确认违法判决,该确认违法判决的适用体现了法的安定性、信赖利益、公平与效率等法的价值追求。之所以作出确认违法判决,是因为虽然它是轻微违法但毕竟属于违法,之所以不撤销是因为它的违法程度轻微且对原告权利未产生实质性的影响,所以此种情形下,作出确认违法判决必须满足"轻微违法"和"对原告权利不产生实际影响"双重标准。这双重标准是同时具备、缺一不可的。如果程序轻微违法,但对原告权利产生了实际影响,则不得适用该条。若行政程序违法但非轻微,且并未对原告权利产生实际影响,也不得适用该条的确认违法判决。双重标准是一对孪生兄妹,不可分离,且该双重标准体现了确认违法判决追求客观法秩序的维护的程序价值和效率与公正价值的统一、程序正义与实体正义的统一。

设立行政程序的主要目的是促进行政机关依法行政，提升行政的效率，以更好地保障公民的合法权益。行政程序有多种划分方法，从行政机关是否有选择权来划分，可以将行政程序分为强制性行政程序和裁量性行政程序，①所谓强制性行政程序是指行政机关在行政管理活动中必须遵守的法定程序，且行政机关对此程序没有选择的余地，不遵守强制性行政程序就是违法行政。② 裁量性行政程序则指行政机关在行政管理活动中，根据具体情况选择性地适用程序规则。该条"程序轻微违法"中的"法"不仅包括法律，还包括行政法规和规章等。对程序轻微违法的理解主要来自2018年《行诉解释》，其对轻微违法情形进行了列举：处理期限轻微违法；通知、送达等程序轻微违法；其他。立法设置处理期限的目的在于提高行政机关的行政效率，维护社会的正常秩序，保护当事人的合法权益或恢复受损的权利，所以处理期限是否属于轻微违法，首先要看处理期限与法律规定的期限出现多大的偏离。就通知、送达等程序轻微违法而言，例如，行政执法机关作出行政处罚决定后，在可以当场交付当事人处罚决定书的情况下，采取7日内

① 参见杨建顺：《行政裁量的运作及其监督》，载《法学研究》2004年第1期。

② 参见黄学贤：《行政调查及其程序原则》，载《政治与法律》2015年第6期。

送达,依据《行政处罚法》的规定,这时行政机关的送达行为就属于通知、送达等程序违法,至于是轻微违法还是违反法定程序则还要视情况而定。

2. 对原告权利不产生实际影响的判断

当然,对当事人权利产生影响的权利不仅包括人身权、财产权等实体性权利,还包括听证、陈述、申辩等重要程序性权利,因为对这些重要程序性权利的影响可能会实际损害行政相对人的实体权利。① 对原告实体权利不产生实际影响,意味着该程序违法不会影响实体结论的正确性。不会影响到实体结论的正确性有两层含义:一是在实然层面,经由司法审判,发现程序违法在事实上没有影响实体结论;二是在应然层面,违反的程序本身就是不可能影响到实体结论正确性的程序。上述实然和应然两个层面皆为不影响原告实体权利的程序违法。如在第一个层面,法院主要是对行政行为的合法性审查,其若在通知、送达或期限上违法,对原告权利是否产生了影响是一目了然的。所以,程序轻微违法对原告权利是否产生实际影响应从应然和实然两个层面去判断。

行政机关的行政行为只存在日期、送达、通知等方面存在

① 参见陈振宇:《行政程序轻微违法的识别与裁判》,载《法律适用》2018 年第 11 期。

程序性违法,尚不能判断其属于程序轻微违法,还是属于违反法定程序,此时还要结合对原告权利是否产生实际影响,即程序轻微违法且对原告权利不产生实际影响两个条件同时具备,才能作出确认违法判决。此种情形下的确认违法判决处于补充性地位,因为行政机关本应依法行政,即便程序轻微违法也是违法,理应撤销,只因其又兼具对权利未产生实际影响之条件,基于对法的公平和效率双重价值的追求,对此作出确认违法判决而没有适用撤销判决,即在此种情况下,存在撤销判决与确认违法判决选择适用的余地,只是因为违法程度轻微且原告的权利没有受到实际影响,从而排除撤销判决的适用。

3. 拖延履行隶属于行政程序违法

由前述论证可知,拖延履行法定职责属于违反了行政行为的期限要求,因此对它的评价就是违反法定程序。拖延履行法定职责存在两种判决形式,若拖延履行法定职责且对原告权利产生了影响,则拖延履行法定职责属于违反法定程序,对此要作出撤销判决。当拖延履行法定职责尚未影响到原告的实际权利,则拖延履行法定职责属于“程序轻微违法”对此应根据2017年《行政诉讼法》第74条第1款第2项作出确认违法判决。在第四章的D类案例中,宜对行政机关的拖延履行作出确认违法判决,因为被告的拖延履行并未影响到原告的重要程序性权利，之所以作出如此判断，其原因在于原告的诉求为要求作为被告的行政机关履行判决，这说明原告提起诉讼的目的是希望行政机关作出行政行为，以满足其需要。在诉讼过程中作为被告的行政机关作出了行政行为、履行了法定职责恰合原告之意，就此可以判断行政机关经历了从“不履行”法定职责到“履行”法定职责的转变，宜对其整体评价为“拖延履行”法定职责。在第四章 D 类案例中，对行政机关的拖延履行作出确认违法判决，依据是 2017 年《行政诉讼法》第 74 条第 1 款第 2 项：行政行为程序轻微违法，但对原告权利不产生实际影响。

（三）“不具有可撤销内容”的确认违法判决

1. 建议舍弃“不具有可撤销内容”之表达

2017 年《行政诉讼法》第 74 条第 2 款第 1 项①是关于确认违法判决适用的另一种情形。行政行为包括行政事实行为和具体行政行为，其中具体行政行为包括作为和不作为，而在“不具有可撤销内容”的情况下，笔者认为行政机关的行政行为不包括行政不作为。

---

① 2017 年《行政诉讼法》第 74 条第 2 款规定，行政行为有下列情形之一，不需要撤销或者判决履行的，人民法院判决确认违法：（一）行政行为违法，但不具有可撤销内容的……

对行政行为的评价包括合法性评价和有效性评价。合法的行政行为会产生效力,即具有确定力、拘束力、公定力和执行力的一部分或全部。[①] 而违法的行政行为也不能排除其效力的存在,如行政程序轻微违法,但对原告权利不产生实际影响的,确认其违法,但保留该行政行为的效力。所以合法的行政行为有效,违法的行政行为也可能存在效力。由于行政事实行为不涵盖行政机关法律上的意思表示,所以对行政行为的评价不涉及对效力评价,而只评价其合法与否,行政事实行为一旦作成就是一种客观存在,无法撤销或变更。行政不作为是行政机关不作出任何行政行为,无内容可撤销,无撤销的可能性,原告对行政机关行政不作为进行诉讼,无外乎两种诉讼请求:其一是请求履行行政职责,其二是请求确认行政不作为违法。[②] 而非要求法院撤销行政机关的行政行为,所以此条中的"不具有可撤销内容"的违法行政行为不包含行政不作为,而且在本款的第 3 项对行政不作为有专门规定。由此分析来看,"不具有可撤销内容"之表达缺乏准确性和确定性,不符合立法的明确性要求,应舍弃对其的适用。

---

① 参见王世杰:《论行政行为的构成要件效力》,载《政治与法律》2019 年第 9 期。

② 参见宋智敏:《论行政拒绝履行行为的司法审查——以 42 份行政拒绝履行案件判决书为分析样本》,载《法学评论》2017 年第 5 期。

2. 将“不具有可撤销内容”分解为三项具体内容

法院对具体行政行为作出撤销判决的目的是保护原告的合法权益，将社会秩序恢复到正常的状态，但如果将某些行政行为撤销却无法达到此目的或达到此目的花费了不成比例的代价，我们就可以称之为不具有可撤销内容，如某房屋被划为违章建筑，且已被行政机关拆除，但事实证明该房屋并非违建，而是合法建筑，此时行政行为已经执行完毕，且此处已禁止建造任何建筑，再作出撤销行政行为也无法恢复房屋原来的样貌，法院对此作出撤销判决已无任何意义，此时就属于不具有可撤销内容，只能对该行政行为作出确认违法判决和对原告的损失予以弥补。还有一种情况，即恢复建筑物原来的样貌需花费极大的代价，此时也视为撤销行政行为无法恢复原状，而只能对该行政行为作出确认违法判决。但是若行政行为已经执行完毕，但该行政处分所创设的法律关系或法律效果仍然存在，则此时适用确认违法判决并不合适，应适用撤销判决。如违法的行政拘留，虽然拘留的事实不能通过撤销而消除，但行政拘留决定书可以通过撤销而消除其对相对人名誉等的影响。

因此，法条关于“不具有可撤销内容”的表述并不准确。首先，其应排除行政不作为，同时应对行政事实行为违法和已执行完毕的无法通过撤销判决恢复原状的具体行政作为行为等分别作出规定。具体为:行政事实行为违法,且对原告权利造成损害的,作出确认违法判决;具体行政行为违法、已执行完毕且无法通过撤销判决恢复原状或恢复原状付出极大(不成比例)的代价的行政行为,作出确认违法判决。所以第四章B类案例中陕西省泾阳县不动产登记局与尹志忠,武耀军认为侵犯房产权纠纷案[①]中,二审法院作出的判决是存在问题的,因为作出撤销判决的目的是恢复事物的原状,倘若恢复原状不可能或者恢复原状付出不成比例的代价,就不宜或不能作出撤销判决。案例中的房屋已经被拆除,撤销泾阳县人民政府同日颁发给武耀军的咸阳市房权证泾阳县字第02547号产权证是否必要尚需结合实际情况确定,若此地不允许重建房屋或再建房屋付出不成比例的代价,则只能对此房管局颁发产权证的行为作出确认违法判决。若不存在上述两种情形则适用撤销判决,即如果撤销判决能够达到解决纠纷的目的,则优先适用撤销判决,否则只能适用处于补充性地位的确认违法判决。值得说明的是,房屋拆除属于行政执行行为即行政事实行为,具备可诉性,但由于行政事实行为的作出并无行政机关法律上的意思表示,所以如果对该拆除房屋的执行行为提起诉讼,只能适用确认违法判决。

---

① 参见陕西省泾阳县人民法院行政判决书,(2019)陕04行终14号。

由于对行政事实行为的违法只能作出确认违法判决，而不能对行政事实行为进行撤销或变更，所以确认行政事实行为违法判决具有专属性。[①] 对其的适用需要遵循原告有确认利益，若行政机关的行政事实行为虽然违法，但未对原告权利造成损害和影响，即原告无确认利益，则法院应该驳回起诉。之所以要对行政事实行为作出确认违法判决，目的在于对其造成的损害提供救济途径，如果未造成损害或者造成的损害微乎其微，那么行政相对人则负有容忍义务，法律对此不提供保护。[②] 行政行为违法、已经执行完毕且无法通过撤销判决恢复原状或恢复原状付出的代价巨大，对此类具体行政作为行为作出的确认违法判决则处于补充地位，对其要穷尽其他判决形式方可适用确认违法判决。

（四）"被告改变原行为"之确认违法判决

1. 限缩"被告改变行政行为"为"被告改变具体作为行为"

2017 年《行政诉讼法》第 74 条第 2 款第 2 项[③]是关于被告改变原行政行为，法院对此作出确认违法判决的规定。根据

---

① 参见张旭勇：《为我国行政事实行为救济制度辩护》，载《法商研究》2012 年第 2 期。

② 参见张旭勇：《行政诉讼判决原论》，法律出版社 2017 年版，第 101 页。

③ 2017 年《行政诉讼法》第 74 条第 2 款第 2 项规定，被告改变原违法行政行为，原告仍要求确认原行政行为违法的，法院判决确认违法。

2018 年《行诉解释》第 81 条[①]的解释，被告对被诉具体行政行为的改变不仅包括行政机关撤销或变更行政行为，还包括行政机关由不作为到作为的改变，即被告改变行政行为包括被告撤销行政行为、变更行政行为以及由不作为到作为的改变，这导致了司法实践中法律适用的困难和矛盾。根据前述关于拖延履行法定职责与不履行法定职责的区分，以及法条之间的逻辑自洽性来判断，应把行政机关由不作为（不履行法定职责）到作为（履行法定职责）的改变看成一个过程作出整体评价，即评价为拖延履行法定职责，以此避免法官对行政机关的同类行政行为依据同一法条作出相互矛盾的判决。依据于此，第四章 D 类案例中的案例一，行政机关由不履行职责到诉讼中履行职责，应评价为行政程序违法的拖延履行法定职责，至于其应适用程序轻微违法的确认违法判决，还是适用违反法定程序的撤销判决，还要根据相关案例的具体情况作出进一步的区分。而 D 类案例中案例二显然是和案例一同样的情形，当然适用同样的判决依据即同一法条。将行政机关不履行法定职责到履行法定职责的转变看成一个过程来评价，

① 2018 年《行诉解释》第 81 条规定：被告在一审期间改变被诉行政行为的，应当书面告知人民法院；原告或者第三人对改变后的行政行为不服提起诉讼的，人民法院应当就改变后的行政行为进行审理；被告改变原违法行政行为，原告仍要求确认原行政行为违法的，人民法院应当依法作出确认判决；原告起诉被告不作为，在诉讼中被告作出行政行为，原告不撤诉的，人民法院应当就不作为依法作出确认判决。

可以避免法律适用的尴尬，避免法条之间适用情形的重叠与矛盾。同时，将行政机关改变行政行为作限缩解释，限缩为行政机关对作为行为的改变，不包括从不作为到作为的改变。因此，第四章中的D类案例应根据具体情况，适用程序轻微违法的确认违法判决或违反法定程序的撤销判决。至此，上述法条之间的重合和边界模糊问题得到解决，法条之间的逻辑得以自洽。

2. 行政机关在诉讼期间可随时改变原行政行为

行政机关可以改变原行政行为。关于被告在行政诉讼中能否改变原行政行为，有两种立法模式。例如在美国，一旦进入诉讼程序，作为被告的行政机关原则上不允许改变行政行为，包括变更与撤销。在法国，行政机关在进入诉讼程序之后可以变更和撤销行政决定，并可以以新的行政决定取代原行政决定。在此两种模式中，我国立法选择了法国的允许改变模式，笔者认为允许被告在行政诉讼期间改变行政行为，具有一定的合法性和基础。首先，我国行政诉讼之立法目的是解决行政争议、保护相对人的合法权益、监督行政机关依法行政。允许被告在诉讼期间改变行政行为有利于行政机关对违法的行政行为进行改正，从而坚守依法行政的原则。同时，被告改变了原违法行政行为，可促进其作出合法的行政行为，在一定程度上有利于对相对人权利的救济或利益的实现。如行政机关在诉讼期间对其作出的行政处罚进行撤销，原告所交的罚款就存在被要回的可能；被告改变了违法的行政行为，原告的权利就可能得到一定程度的恢复或救济，他们之间的行政争议也会得一定程度的解决。① 其次，即便不允许行政机关在诉讼期间改变行政行为，由法院对行政机关的违法行为作出判决，但最终相对人权利的救济还是需要行政机关对判决的执行，与其法院判决让行政机关改变原行政行为，不如由行政机关自觉纠正更直接、更有效率、更“心甘情愿”。最后，允许行政机关在诉讼期间改变行政行为，对相对人的权利进行更及时的救济，能够缓解相对人与行政机关的紧张对立关系，对今后的行政管理活动有积极作用。所以笔者认为，在诉讼期间，行政机关可以随时改变原违法行政行为。

3. 行政机关在诉讼期间改变行政行为皆须告知法院

在诉讼期间被告改变原行政行为要告知法院，之所以这样规定，是因为2017年《行政诉讼法》第62条的规定。② 被告改变行政行为后，原告受损害的权利很可能被恢复或得到救济，此时原告诉讼的目的已经达到，很可能选择撤诉。由于是

① 参见孔繁华:《论行政继续确认诉讼——从“梁某不服广州市人民政府行政裁决案”谈起》，载《行政法学研究》2011年第2期。

② 2017年《行政诉讼法》第62条规定:“人民法院对行政案件宣告判决或者裁定前，原告申请撤诉的，或者被告改变其所作的行政行为，原告同意并申请撤诉的，是否准许，由人民法院裁定。”

否允许撤诉由法院决定，如此一来，被告改变原行政行为必然要告知法院，进而由法院来作出裁定。至于2018年《行诉解释》第81条第1款强调一审期间改变被诉行政行为的，应当书面告知法院。这让笔者心存疑惑，因为2017年《行政诉讼法》第74条第2款第2项规定的是被告行政机关在诉讼期间皆可改变行政行为，按此逻辑并结合2017年《行政诉讼法》第62条关于撤诉的规定，笔者认为只要被告改变原行政行为，皆需告知法院，而不论其在一审、二审还是再审期间。所以笔者认为2018年《行诉解释》第81条第1款的规定应删除“一审期间”为宜，这样在逻辑上更自洽。事实上，被告改变了行政行为，同时有利于原告的合法权益得到及时补救，此时法院基于纠纷解决的效率等考虑，也希望原告能撤诉，所以无论在诉讼的哪个阶段，被告改变行政行为都应该告知法院。

4. 改变行政行为情形下确认违法判决的适用要件

由于对被告改变原行政行为应作限缩解释，所以被告改变行政行为仅包含被告撤销原行政行为、被告变更原行政行为两种情形。在此两种情形下，原告未撤诉，其仍要求对原来的行政行为进行判决，此时在排除了撤销判决、变更判决、履行判决适用的前提下，选择适用确认违法判决，所以此情形下的确认违法判决是处于补充性地位的确认判决，是继续确认之诉对应的确认违法判决。之所以对已经不存在的行政行为作出确认违法判决,原因在于,当行政机关改变原具体行政行为后,原违法的行政行为虽然被改变后的行政行为所替代,但并不因此去除其违法带来的后果。也就是说,违法的行政行为虽然不存在了,但违法行政行为所造成的损害或影响依然存在,受害人可以对该损害主张权利,所以此判决的适用要件是原告必须要有确认利益。此情形下的确认违法判决处于补充性的地位,除具备确认利益的适用要件以外,还需排除其他判决的适用。需要注意的是,此时如果原告的权利(包括程序性权利和实体权利)已得到完全意义上的救济,则应驳回原告的诉讼请求,而非作出确认违法判决,因为原告“讨个说法”“出气”等因缺少诉的利益而不应受到法律的保护。

(五)被告“不履行”法定职责之确认违法判决

1.“履行不能”“预期不履行”不属于“不履行”的范畴

2017 年《行政诉讼法》第 74 条第 2 款第 3 项[①]中的“法”应作广义的理解。其不仅包括法律、法规和行政规章,还包括原告与行政机关之间的行政协议等。[②] 所以在这里,行政

---

① 2017 年《行政诉讼法》第 74 条第 2 款第 3 项规定,被告不履行或者拖延履行法定职责,判决履行没有意义的,人民法院判决确认违法。

② 参见最高人民法院行政审判庭编著:《行政诉讼法司法解释的理解与适用》(上),人民法院出版社 2018 年版,第 425 页。

机关不履行法定职责视为与行政不作为同等的概念，二者在范围上是完全重合的。[①] 需要注意的是，“履行不能”“预期不履行”不能纳入“不履行”的范畴。所谓履行不能是由于客观原因，行政机关无法履行法定职责。[②] 预期不履行是指行政机关在法定期限或合理期间届满前，明确表示不履行法定职责的行为。[③] 因为即便明确表示不履行也存在履行的可能，此时要以结果为导向，以最终是否履行法定职责作为判断标准。

2. 将“拖延履行”从2017年《行政诉讼法》第74条中删除

此条是由2017年《行政诉讼法》第72条履行判决转化而来的。《行政诉讼法》第72条规定，人民法院经过审理，查明被告不履行法定职责的，判决被告在一定期限内履行。第74条第2款第3项与第72条相比，多了一个“拖延履

---

① 也有学者持不同观点。闫尔宝教授认为，不履行法定职责是指行政机关没有按照法律、行政法规履行自己的法定职责，最终的结果是没有付出任何实质意义的行动。行政不作为的范围远大于行政机关法定职责的范围（参见闫尔宝：《行政不作为重述—界定与审查》，载《甘肃行政学院学报》2008年第1期）。刘宏博也认为行政不作为除了包含行政机关不履行法定职责这一个子集，还包含行政机关其他的不作为的情形，如行政机关不履行行政协议的行为、行政机关不履行先前义务等行为（参见刘宏博：《论行政不作为的司法审查强度》，载《理论与改革》2014年第2期）。

② 参见刘鹤：《行政不作为与行政不履行法定职责辨析》，载《行政与法》2009年第3期。

③ 需要注意的是，由于行政机关履行法定职责有法定的期限，所以即便行政机关明确表示将不履行法定职责，但由于其仍在期限内，其表示并不具有最终效力。

行”。由前述论证可知，拖延履行是行政机关未遵守法定期限履行自己的行政职责，是逾期履行职责的行为，拖延履行的最终结果是行政机关履行了法定职责。所以判断行政机关是否构成拖延履行法定职责，一定有一个标准存在，即行政机关最终是履行了相应职责的。只有在履行了法定职责的框架之下，才可以对此行政行为进行超期与否的判断和审查，所以它与不履行法定职责（行政不作为）很容易区分，即通过看最终行政机关是否已经履行了法定职责来区分。拖延履行法定职责不属于不履行法定职责的子命题，而是行政程序的范畴，具体而言，其属于行政程序中的行政期限违法。所以此条中将不履行法定职责与拖延履行法定职责并列使用，且与判决履行无意义联合适用有失规范，存在逻辑上难以自洽的问题，因为既然行政机关已经履行了职责，就不能再与履行相联系，而是应结合履行之后的法律后果与拖延履行这一行为对拖延履行作出最终评价。因此笔者认为，应删除2017年《行政诉讼法》第74条第2款第3项规定中的“拖延履行”，如此方能自洽。

3.“履行没有意义”宜理解为“不需要履行或履行也无法达到目的”

所谓履行没有意义，即法院再对行政机关作出履行判决已经无实际需要或达不到履行的目的，或者履行不能。所以，法院应作出确认违法判决而非履行判决。如相对人报警称自己被人追打，急切需要警察出警以寻求保护，但警察一直没有出警。相对人对此警察不出警的行政行为提起行政诉讼，那么此时法院只能对警察的行政不作为作出确认违法判决，而不能判决警察履行出警义务，再次出警。因为此刻相对人的人身安全已经不再需要警察出警给予保护，判决警察出警没有任何实际意义。再如，相对人因论文写作的需要申请某行政机关进行某信息的公开，但经过法定的期限，行政机关仍然没有公开该信息，后该相对人找到了可替代的信息，继续论文写作。若相对人诉至法院，则法院只能针对行政机关不公开信息的行为作出确认违法判决，而不能判决行政机关履行公开的义务，因为判决行政机关公开信息已经无必要、无意义。①

4. 此情景下确认违法判决的适用

针对原告不履行法定职责的行为，如果法院作出履行判决是必要且有意义的，法院应优先适用履行判决，只有当判决行政机关履行无必要、无意义、无可能时，才对行政机关的不作为作出确认违法判决。因此，此处的确认违法判决相对于

① 参见沈岿：《论怠于履行职责致害的国家赔偿》，载《中外法学》2011 年第 1 期。

履行判决,具有补充性与备位性,所以,此确认违法判决的适用要件还包括排除履行判决的适用。

第三节　确认无效判决之检视

2017年《行政诉讼法》第75条[①]是关于确认行政行为无效判决的规定。在2018年《行诉解释》第94条对诉讼类型的转化作出了详细的规定,以及在第99条对"重大且明显违法"[②]的情形作出了部分列举。

一、无效行政行为不受起诉期限的限制

关于无效行政行为的起诉期限的争论从未停歇,相对而言,无效行政行为不受起诉期限的限制的观点,超过了无效行政行为应受一般起诉期限的约束的观点而占据了主导地位,

---

① 2017年《行政诉讼法》第75条规定:行政行为有实施主体不具有行政主体资格或者没有依据等重大且明显违法情形,原告申请确认行政行为无效的,人民法院判决确认无效。

② 2018年《行诉解释》第99条规定,行政行为实施主体不具有行政主体资格、减损权利或者增加义务的行政行为没有法律规范依据、行政行为的内容客观上不可能实施、其他重大且明显违法的情形。属于"重大且明显违法"。其第4项属于兜底条款,意味着如果有其他情形符合上述重大且明显违法之样态,皆可作出确认无效判决。

这从国外的立法和大部分学者的观点中可以看出。[①] 无效行政行为自始无效、当然无效和绝对无效，奠定了其不受诉讼期限限制的基础。所以无效行政行为没有法律效力，有关机关可以随时宣告其无效，相对人可以随时提出确认无效之诉。日本《行政事件诉讼法》第 3 条第 4 款规定了确认处分或裁决不存在的诉讼类型，为突出重大且明显违法的行政行为之无效性，视其为不存在，相对人对此无须理会，即温柔地抗辩。德国《行政法院法》也没有规定确认无效诉讼应受起诉期限的限制。我国 2018 年《行诉解释》第 162 条规定，公民、法人或者其他组织对在 2015 年 5 月 1 日之前作出的行政行为提起诉讼，请求确认行政行为无效的，人民法院不予立案。由于人民法院只对 2015 年 5 月 1 日之后作出的行政行为，

---

① 德国是典型的无效行政行为不受起诉期限限制的国家，德国《联邦行政程序法》第 44 条第 5 款规定行政机关可随时依职权确认无效，申请人有正当权益的，行政机关应其申请也须确认无效。胡建淼提出，行政行为无效的法律后果之一即是无时效的法律救济，当事人可以随意而且永远地主张权利［参见胡建淼：《行政法学》（第 4 版），法律出版社 2015 年版，第 147 页］。当然也有部分观点认为确认无效诉讼应与行政行为一般性违法的诉讼的起诉期限有所不同。参见李静怡：《行政诉讼确认无效判决之完善》，载《人民论坛》2010 年第 23 期。此外潘昌锋、孔令媛认为确认无效判决应为行政机关的重大且明显的违法行政行为始终为相对人提供救济的机会——即较长的诉讼时效（参见潘昌锋、孔令媛：《行政诉讼确认无效判决的适用——基于修正后的行政诉讼法第七十五条展开》，载《人民司法》2015 年第 7 期）。张浪认为在确认无效诉讼的起诉期限方面，虽然不苛责其遵从其他类型诉讼的起诉期限，但确认无效诉讼的起诉期限绝非遥遥无期、随时可提，基于法的安定性和权利救济的及时性与司法效益原则的考量，它也应该遵循一定的期限（参见张浪：《行政诉讼中确认无效之诉的问题探讨》，载《法学论坛》2017 年第 2 期）。

当相对人提起确认无效诉讼时才予以立案，而对于在此之前的确认无效诉讼不予立案。此也可以为确认无效诉讼不受起诉期限的限制提供一定的论据。确认无效诉讼的存在价值主要体现在诉讼之前起诉期限的延长和救济途径的选择上。[①]确认无效判决和确认无效之诉为原告一方当事人提供了一种例外的非常态的救济。[②] 故确认无效诉讼不应受起诉期限的限制。

确认无效诉讼不受起诉期限的限制并不意味着越晚提起诉讼越有利。无效行政行为具有行政行为的外观，其必须要通过相应的确认，才能使行政相对人免为其扰。所谓“不提起诉讼就可以不遵守”的提法，更大程度上是观念层面的意义，这种观念层面的意义饱含行政法治精神、张扬浓厚人性道义基础，却不利于原告权利的保护。而且作为普通的个人，对无效行政行为的判断存在失误的可能性，若行政行为是可撤销的行政行为，但被误认为无效行政行为，又因相对人温柔地抗辩而错过了起诉期限，因此带来的风险只能由相对人自己承担。如德国学者胡芬所言“虽然无效确认之诉没有真正意义

---

① 参见金伟峰：《关于建立我国无效行政行为制度的几个具体问题》，载《浙江社会科学》2005 年第 3 期。

② 参见梁君瑜：《论行政诉讼中的确认无效判决》，载《清华法学》2016 年第 4 期。

上的起诉期限，但如果原告耽误了法律上澄清的可能性，则可能被认为缺少法律上保护的必要”，所以确认无效诉讼仍然应尽早提起。

在立法上，我国2017年《行政诉讼法》虽然正式确立了确认无效判决，但并没有对无效行政行为的起诉期限作出特殊的制度安排。从上述分析来看，这不利于确认无效判决发挥其专属性的独立作用，不利于对相对人权利的保护，不利于司法权对行政权进行监督。在我国的司法实践中，部分法院回避对无效行政行为的审查，多以行政诉讼法及相关司解释没有规定诉请确认行政行为无效可以不受起诉期限的限制为由，拒绝审查超过诉讼期限提起的“确认无效诉讼”，这就放任了无效的行政行为对原告权利的损害。因此，笔者的观点为确认无效诉讼不受起诉期限的限制提供参考，即若行政行为达到无效程度，则不受起诉期限的限制，若行政违法行为达不到重大且明显违法的程度，则不构成无效行政行为，应受到起诉期限的限制。

需要指出的是，即便日后法律明确规定了无效行政行为不受起诉期限的限制，在此笔者也要“温馨提示”相对人，当权利受到无效行政行为的攻击和侵害时，宜尽早提起诉讼，静静地对无效行政行为行使温柔的抗辩不是可取之路。[①] 在司法实践中，法院对确认无效之诉应先进行实体审查，判定行政行为究竟属于无效还是可撤销，还是轻微违法，而不能仅仅以超过一般诉讼期限为由，就断然拒绝对行政行为的审查。

二、对“原告申请确认”无效之规定作限缩解释

关于原告申请确认无效，立法与司法解释存在矛盾。从 2017 年《行政诉讼法》第 75 条的规定来看，若仅行政行为具有重大且明显违法的无效情形，还不能作出确认无效判决，此时还需要增加一个条件，即须由原告提出确认无效的申请，法院方可作出确认无效的判决。与此相对应的 2018 年《行诉解释》第 94 条的第 1 款并没有规定只有原告申请无效，法院才能作出确认无效判决。由此来看，立法与司法解释是矛盾的，存在不协调、不一致之处。笔者认为无论原告提起的是撤销之诉还是确认无效之诉，其目的是消除行政行为对其的危害和影响，所以在诉讼期限内，针对原告提起的撤销诉讼或确认无效诉讼，只要法院审

① 德国著名的行政法学者 G. 平特纳指出：当事人对于无效行政行为不需要采取任何行动，却带有相当风险，因为无法保证以后所有行政机关也这样认为。参见[德]G. 平特纳：《德国普通行政法》，朱林译，中国政法大学出版社 1999 年版，第 137 页。

理认为符合确认无效判决的适用情形，法院就可以对此作出确认无效判决，因为法院作出确认无效判决不仅符合案件的事实，也能满足原告对受损权利之恢复要求。而在超过一般起诉期限时，原告只能提起确认无效诉讼，法院作出确认无效判决必须遵守诉判一致，即在超过一般起诉期限时，确认无效判决必须对应确认无效之诉。此外，在我国的司法实践中，也存在诉讼期内针对撤销诉讼作出确认无效的判例。① 因此，我国对确认无效判决的适用要件应作出限缩解释，即确认无效判决的作出，仅在当事人超过法定期限诉讼时，须以当事人提出确认无效的申请为前提。若在一般诉讼期限，只需要原告提起的诉讼请求与确认无效诉讼在方向上一致即可，如针对原告提出的撤销诉讼，法院可以作出确认无效判决。故笔者建议将我国2017年《行政诉讼法》第75条规定的"原告申请确认行政行为无效"这一条件限缩在原告超过起诉期限提起的确认无效诉讼，而在一般起诉期内，无须原告提出确认无效诉讼这一条件。

三、行政行为无效的判断标准需更加凸显"明显性"

通说认为，"重大且明显"为无效行政行为的判断标准。

---

① 参见刘晓龙与武威市公安局交通警察支队行政处罚案，甘肃省金昌市中级人民法院(2015)金中行初字第22号行政判决书。

在我国,关于无效行政行为的判断标准也采取了以“重大且明显”违法为识别标志。“重大且明显”作为一个不确定的法律概念,对其作出一个定义是比较困难的,但是我们可以从“重大”“明显”两个单个的词入手,去探索它们的识别标准。对于“重大”的判断,我们可以参照德国的标准,行政行为的违法程度重大到不符合宪法的原则,严重到违反了法律制度的基本观念。[①] 如行政机关的违法活动危及了公民的生命。“明显性”标准为一般的公民都认为行政机关的行政行为违法,其违法性无可争议,即明显性的识别标准为,以普通公民的认知能力能判断行政机关的行政行为违法、确定行政行为违法毫无疑问。

(一)限缩行政行为的“实施主体不具有行政主体资格”之范围

在我国,行政行为的作出主体和行政行为的实施主体一般是一致的,所以在一般情况下,行政行为的作出主体和实施主体是同一主体。有一般情况就存在特殊情况,所以行政行为的作出主体和实施主体也有不一致的情况。但无论哪种情况,一般认为在以下这些情况中实施主体不具备主体资格:(1)实施主体为行政主体但实施的行政行为与其职能相去甚

① 参见章志远:《行政行为无效问题研究》,载《法学》2001年第7期。

远(实施的行为与自己的职责毫无关联性);(2)行政主体的内设机构或派出机构以自己的名义作出行政行为;(3)授权组织超出了授权范围所为的行政行为。但笔者认为此处的后两者并不能归于重大且明显违法的情形,因为其不符合明显性的特征。“法律、法规或者规章授权行使行政职权的行政机关内设机构、派出机构或者其他组织,超出法定授权范围实施行政行为”,以一般的、普通公民的认知能力很难分清楚,授权组织被授权的范围究竟有多大、是否超出了授权的范围,某内设机构或派出机构是否可以以自己的名义作出行政行为。如某工商所以自己的名义对某饭店罚款500元。该饭店很可能只意识到罚款500元是不适当的,而一般不会知道也不去关注这个罚款是以工商局还是工商所的名义作出的。同理授权组织超出了授权范围所为的行政行为也不符合明显性的特征。所以只有第一种情况即实施主体实施的行政行为与自己的职能毫无关联性时,符合实施主体不具有行政主体资格的情形,法院对此可以作出确认无效判决。至于公民冒充警察进行“行政执法”活动、物业对业主乱倒垃圾的行为进行罚款均不构成行政行为,而有可能构成“表见代理”[①]或“假行政行为”。

---

①　参见林莉红、黄启辉:《论表见代理在行政法领域之导入与适用》,载《行政法学研究》2006年第3期。

所以在确认无效判决中，应限缩行政主体不具有主体资格之情形，以凸显其行政行为违法的重大明显性。

（二）行政行为“没有依据”只能涵盖两种情形

何为没有法律规范依据是一个值得思考的问题。行政行为的作出不仅要有事实根据还要有法律依据。没有事实根据就是没有完全满足法律所规定的事实要件，属于2017年《行政诉讼法》第70条撤销判决中所规定的主要证据不足之情形。而适用法律、法规错误是指法律、法规适用不准确、不适当，适用了错误的法律、法规。在法律适用时，行政机关应选择正确的法律，适用适当的法律。行政机关为选择正确的法律依据努力过，之所以最终仍适用了错误的法律，是因为对法律理解有偏差，或者法律规定本身不明确、不具体。而没有法律依据则包括两种情况：一是行政行为的作出没有任何的依据，仅仅是作出了行政行为。二是只在形式上列明法律依据，实则与真正适当的法律依据相去甚远，这种情况视为没有依据。这里的形式上列明了法律依据，实则与该依据相去甚远，既不包含应适用某法律的某条的A条款而适用了B条款的情况，也不包含应适用特别法而适用了一般法的情况，而仅仅指应适用C类法律却适用了D类法律的情况。在这种情况下，行政机关对列明法律依据正确与否持放任、不管对错、应付之心态,无视法律的尊严与权威。比如作出罚款的行政决定,却在依据处列明的是行政许可的相关规定。之所以对“没有依据”作此理解,是因为行政行为因没有法律依据而无效,那么没有法律依据必须达到重大且明显违法的程度,达到匪夷所思的程度,使得普通的理智的人能够识别出其没有依据。如果行政行为的违法程度不能满足普通的、理智的个人可以识别其为重大且明显违法,那就不能适用确认无效判决,而只能适用撤销判决。

(三)行政行为的内容客观上不能实施的范围宽广

行政行为的内容客观上不能实施是指,行政机关的行政行为给行政相对人设定的内容,存在实施上的不可能,无实施的现实可能性或者实施将付出严重不成比例的代价。客观上不能实施主要包含以下情形:(1)客体不能,如对已故的孤寡老人收缴罚款;(2)时限不能,如有道路管理职权的行政机关让1名清洁工1分钟内清扫完3公里的马路;(3)成本不能,付出的代价极大,收益极小。此外,违反公序良俗的行政行为的实施将严重损害公共利益等,也可能构成重大且明显违法。

四、确认无效诉讼的举证责任应由原告承担

举证责任又称证明责任，它是指在案件事实的真实性无法确定的情况下，由主张事实不确定的当事人来提供证据并承受由此带来的可能对其不利的判决后果。[①] 依据我国2017年《行政诉讼法》的规定，被告对具体行政行为的合法性承担举证责任，当被告不提供证据或提供的证据不确凿充分时，我们只能判断具体行政行为违反了法律规定，而不能认定该具体行政行为无效。即被告只承担行政行为合法与否的证明责任，而对行政行为违法的严重程度不承担证明责任，所以我们无法通过被告在举证上的消极行为，来推断具体行政行为无效。

在行政诉讼中，行政机关承担行政行为合法的证明责任这一点是无可争议的，且在行政诉讼中，行政机关会竭尽全力去证明自己的行政行为是合法的和有效的，这是自然法则。但是若让行政机关证明自己的行政行为违法，且违法的程度达到了重大且明显违法的程度，显然是不现实和不可思议的。“任何

① 参见[德]莱奥·罗森贝克：《证明责任论：以德国民法典和民事诉讼法典为基础撰写》，庄敬华译，中国法制出版社2002年版，第3页。

人都没有证明自己有罪的义务”，行政机关也不例外。此时，如果行政相对人即诉讼中的原告认为行政机关的行政行为因重大且明显违法达至无效，基于对自身利益的保护，应该证明行政行为的违法程度。由于重大且明显违法的无效行政行为的识别标准为普通人、一般的个人所掌握，通常不存在举证困难的情况。这是由证明责任的公平原则所决定的，即“倾向于要求承担证明责任困难最小的一方当事人提供证据”①。但行政行为的合法性的证明责任依然由被告行政机关来负责和承担。

对于违法的行政行为，若原告提起撤销诉讼，则由作为被告的行政机关承担举证责任，若提起确认无效诉讼，则由原告方承担行政行为无效的举证责任，且无论法院作出撤销判决还是确认无效判决，仅从对原告的权利救济来讲，两种判决的救济效果难分伯仲。那么原告则会更倾向于选择提起撤销诉讼，而使确认无效诉讼处于“事实上的备位性”②地位。笔者认为由原告承担无效行政行为的证明责任，并不会给原告增添不利负担。首先，无效行政行为的认定标准为“重大且明显违

---

① ［英］詹妮·麦克埃文：《现代证据法与对抗式程序》，蔡巍译，法律出版社2006年版，第94页。

② 在起诉期限内提起行政行为无效确认之诉，经审理发现仅存可撤销情形时，若原告基于种种顾虑而对法院关于转换诉求之释明不为所动，则最终丧失救济。因此，从诉讼策略上形成行政行为无效确认之诉的备位性事实，乃是最大化保护原告利益的需要。参见梁君瑜：《行政行为无效确认之诉的理论内核与制度前景》，载《理论月刊》2016年第7期。

法”,普通的个人可以轻松识别无效行政行为,不存在举证困难的问题。其次,让原告承担无效行政行为的举证责任,也是督促原告尽快救济自己因无效行政行为被损害的权利。因为在一般起诉期限内,原告可以提起撤销诉讼和确认无效诉讼,而在一般起诉期限外,原告只能提起确认无效诉讼,若原告对行政行为的违法程度判断失误,则会“贻误战机”。最后,最重要的原因是,当原告无法证明行政行为重大且明显违法,行政机关也无法证明其行政行为合法时,此时法院作出的是撤销判决,而不是驳回诉讼请求的判决。

确认无效判决是一种具有专属性的确认判决的形式,虽然在一般诉讼期内,它与撤销判决对原告权利救济的效果相同,但是它并不是撤销判决的补充,只有当法院无法辨别行政行为为可撤销还是为无效时,法院可作出撤销判决。之所以此时法院作出撤销判决,是因为法院作出任何一个判决必须事实清楚、证据确凿充分,而当行政行为属于可撤销还是无效难以区分时,它至少是一个可撤销的行政行为,所以作出撤销判决。[①] 在这种情况下,首先适用撤销判决并不是因为在起诉

① 有观点认为如当事人在起诉期限内,可以对同一个行政行为同时提起撤销诉讼和确认无效诉讼,法院首先审理该行为是否可撤销?若否,则审理是否为无效行政行为。这样可以为原告的权利提供更全面的保护。参见张浪:《行政诉讼中确认无效之诉的问题探讨》,载《法学论坛》2017 年第 2 期。

期内,撤销判决处于优位、确认无效判决处于备位性地位。在超过一般起诉期限之后,此时适用的确认无效判决是一种专属性的判决。所以确认无效判决为一种具有专属性、排他性的、独立的判决形式。对于确认无效判决制度的检视和完善,有利于提高行政机关的执法水平,促进依法行政。确认无效诉讼不受起诉期限的限制,让相对人对无效行政行为可以随时提起行政诉讼,这加强了对行政机关的监督和约束,促使其遵守法律,依法行政。确认无效判决制度的完善,还可以促进行政救济制度的完善。不受起诉期限的限制,为相对人在超出一般起诉期限后再行提起确认无效之诉提供可能,使得重大且明显违法的行政行为受到更有力的监督,为权利救济增加了延长线,最大限度和最大可能地保护其合法权益。但如前所述,即便是确认无效诉讼也应尽早提起。

第四节 行政诉讼确认判决相关补救和赔偿措施的完善

一、明确赔偿数额与补救措施的内容

违法的行政行为总是与赔偿相联系。在行政诉讼确认判决中,除确认法律关系的判决外,确认违法判决和确认无效判

决中的违法行政行为都可能给原告的权利造成损害。若须行政机关作出赔偿,则须有相应的损害发生,如此要求是因为违法的行政行为并不一定造成了实质性的损害。[①] 关于行政诉讼确认判决的赔偿问题,在2017年《行政诉讼法》第76条[②]与2018年《行诉解释》第95条、第97条、第98条作出了详细的规定。根据2017年《行政诉讼法》第76条的规定,法院在作出确认违法或者无效判决的同时,可以根据案件的实际情况责令被告采取补救措施,这是法院依职权所作的行为。补救措施包括解决行政争议等方面的措施。[③] 需要注意的是,第76条中的补救措施与赔偿不一定同时适用,存在只适用其一的情况,具体适用补救措施还是赔偿,或是同时适用,需要法院根据具体的案件来决定。

由上述法条的规定可知,当法院作出确认违法或确认无效判决时,是否采取补救措施、是否需要行政机关承担赔偿责任是法院依职权作出的,即法院对此有一定的裁量权。在具体的个案中,如果法院认为行政机关需要采取补救措施,那

---

① 参见陈思融:《行政诉讼补救判决——一种"新"的行政诉讼判决形式》,载《法治社会》2016年第1期。

② 2017年《行政诉讼法》第76条规定:法院判决确认违法或者无效的,可以同时判决责令被告采取补救措施;给原告造成损失的,依法判决被告承担赔偿责任。

③ 参见陈思融:《论行政诉讼补救判决的适用条件》,载《政治与法律》2016年第1期。

么应明确补救措施的内容，并指出采取补救措施的期限范围以及如果行政主体不采取补救措施的不利后果。即法院要增强行政机关采取补救措施的明确性，这不仅是保护公民权利的要求，也与我国解决行政争议之立法目的相契合。这与司法权、行政权各有分工之法理并不矛盾，因为此时判决行政机关采取补救措施或进行赔偿已经达到了不可不为的程度，所以基于纠纷的一次性解决之要求，法院应尽可能地将行政机关采取补救措施的内容、期限以及赔偿的数额进行明确。

二、策略之计——原告应在行政诉讼中一并提起赔偿请求

2018 年《行诉解释》第 95 条规定了违法或无效的行政行为给原告造成了损害，原告申请赔偿的途径问题。原告可以单独提起行政赔偿诉讼，也可以在确认诉讼中一并提起行政赔偿的请求。单独提起行政赔偿诉讼必须满足以下几个条件：(1)侵权的行政行为已经被确认为违法；(2)先行向赔偿义务机关提出过行政赔偿请求；(3)符合行政诉讼案件的其他法定要件。[①] 行政赔偿的前提是行政行为被确认为违法或无

① 参见最高人民法院行政审判庭编著：《行政诉讼法司法解释的理解与适用》(上)，人民法院出版社 2018 年版，第 440～442 页。

效,赔偿是以行政行为违法为条件的,缺少这一前提,行政赔偿便无依据。为了便于行政机关自行纠错,发挥行政机关在行政救济方面的专业优势和资源优势,[①]同时缓和行政机关和相对人之间的矛盾,在确认之诉中,若原告没有一并提起赔偿请求,在获得确认行政行为违法的判决后,行政相对人应先行向赔偿义务机关提起行政赔偿的申请。在确认诉讼中一并提出的赔偿请求,是当事人寻找权利救济的另一种途径。法院对两个诉讼请求可以合并审理,但原告提起的赔偿诉讼请求的时间应在一审庭审终结前。[②] 对于行政赔偿诉讼的审理,可以适用调解。若调解成功,法院制作调解书,作为被告的行政机关若在规定的期限内没有履行调解书内容,原告可以根据调解书申请法院强制执行。当然也存在调解不成的情况,此时法院应对赔偿诉讼作出实体裁判。

虽然原告申请行政赔偿有多种途径可以选择,但最为经济的做法是在提起行政诉讼中一并提起行政赔偿请求。这样在行政诉讼中,法院在对行政行为的违法性作出判决之后,对赔偿请求可以一并作出判决,节省时间和精力,也减少当事人

---

① 参见最高人民法院行政审判庭编著:《行政诉讼法司法解释的理解与适用》(上),人民法院出版社 2018 年版,第 441 页。

② 参见《最高人民法院关于审理行政赔偿案件若干问题的规定》第 14 条第 2 款。

的诉累，同时节约了司法资源。虽然2012年修正的《国家赔偿法》规定原告提起赔偿诉讼不必先对行政行为作出确认，审理赔偿诉讼的合议庭可以在诉讼中审查行政行为的合法性。但是需要明确的是，行政赔偿是以行政行为违法为前提条件的，没有违法的行政行为，不可能有后续的行政赔偿，所以在行政诉讼中一并提起赔偿请求更符合逻辑顺序，且在行政诉讼中，原告提起赔偿请求的时间较为灵活，只要在庭审终结前都可以提出。

三、行政机关赔偿责任的承担与否

2018年《行诉解释》第97条和第98条对赔偿责任的承担比例作出较为详尽的解释，依第97条、第98条可知，行政赔偿责任按过错的大小分比例来承担。在这里，行政机关所赔偿的原告的损失必须是实际损失而不能是抽象意义的损失，如因道路下水盖未及时修复，行人必须绕行，造成行人时间的浪费，此时负责道路管理的行政机关不承担因此而造成的行人时间损失。但因下水盖未及时修复，造成行人掉进下水道并住院治疗三天，此时的损失则为实际损失，由行政机关根据过错所占的比例承担相应的赔偿责任。

但是值得注意的是，笔者认为在以下两种情况中，行政机关不应该承担赔偿责任:其一,行政机关已经按法定程序履行了审慎合理的审查义务。如在行政许可中,行政机关已经按照法定的程序履行了行政审查职责,尽了审慎合理的义务,因不能归责于行政机关的原因所造成的损失,行政机关不承担赔偿责任。其二,行政机关抽象的不履行职责,对此不承担赔偿责任。如某市场监督管理局对某菜市场的菜品负有定期检测的义务,但该局一年都未履行此职责,部分市民购买了该市场的一批不达标蔬菜而食物中毒,由此产生的治疗费用等损失不应由该市场监督管理局承担。

综上,笔者的观点是:当法院判决被告采取补救措施时,补救措施的内容和采取补救措施的期限需明确具体;判决行政机关赔偿的,赔偿数额应具体确定。为有效地救济原告受损之权益,原告的损害赔偿请求应在行政诉讼中一并提起或者直接提起行政诉讼附带赔偿请求。若行政机关依照法定程序履行了审慎审查义务,且损害的形成不能归责于行政机关,此时行政机关不应承担赔偿责任。此外,行政机关对其抽象的不履行职责的行为,也不应承担赔偿责任。

结　语

本书重新定义了行政诉讼确认判决。确认违法判决和确认无效判决为确认判决的组成部分乃为通说。值得注意的是确认法律关系的判决以及确认行政事实行为违法判决也应被确认判决此上位概念所包含。其中确认行政事实行为违法判决又隶属于确认违法判决，故确认判决应包含确认法律关系判决、确认违法判决、确认无效判决三部分。

本书旨在恰当定位行政诉讼确认判决。提及行政诉讼“确认判决”，随即就会出现“确认判决”在整个行政诉讼判决体系中处于补充性、备位性地位之“影像”，这是域外和我国立法中对确认判决的定位，也是众多学者的基本观点。但细研行政诉讼“确认判决”，精析行政诉讼“确认判决”的三个子集(确认法律关系判决、确认违法判决、确认无效判决)及三子集所适情形,就能发现,给予“确认判决”上述定位难谓准确,确认判决的真实“容貌”有另一番景象。具体而言,确认法律关系判决中,预防性确认判决因无其他判决类型适用的可能性而处于专属性地位;确认违法判决中,因行政事实行为无行政机关的法律意思表示,一旦作成即是一种客观存在,对违法的行政事实行为既不能撤销也无法变更而排他地适用确认违法判决;同样,确认无效判决也是具有专属性地位的判决形式。在上述列举的情形中,确认判决均不处于补充性、备位性之地位,而是作为一种专属性地位的判决形式被适用,不存在与其他判决类型选择适用的可能。相反,确认法律关系判决和确认违法判决的其他情形,只有在撤销判决、变更判决、履行判决等不能或不宜适用时,方可适用,其补充性、备位性完全显现。综上,行政诉讼确认判决不仅只有处于补充地位的情形,还有处于专属性地位的一面。论证确认判决所处地位的目的在于,使处于补充性地位的确认判决与撤销判决、履行判决等处于优位地位的判决发挥合力作用;使处于专属性地位的确认判决更好地发挥其解决行政争议、为原告权利提供无漏洞保护的作用。

本书还审慎区别了各判决形式的适用条件。如果仅仅对确认判决进行抽象意义上的重新定位,则并无实质意义,还应探索其处于不同定位下的适用条件。由于处于专属性地位的确认判决无须与其他判决类型比较后适用，而是符合其适用要件时直接适用，所以在满足具有确认利益等要件时即可作出确认判决。相对而言，处于补充性、备位性地位的确认判决除满足具有确认利益等要件外，还需排除其他判决类型适用等要件始能作出确认判决。因为此情形下确认判决并不能为原告一方当事人提供最优的救济路径，之所以适用确认判决，概因其他判决类型不宜适用或基于某种利益衡量等考虑，才“无奈”地适用，所以此时要穷尽其他判决类型的适用方为适当。须注意，上述所指确认利益依据个案情况有所不同，但皆以“权利、利益”等为中心而展开。

全力探求行政诉讼确认判决之法律定位，追寻确认判决之适用条件，完善我国行政诉讼确认判决制度，最终目的乃是更优监督行政机关依法行政以及保护原告当事人的合法权益。行政诉讼确认判决制度的完善概说如下：(1)建立完整意义上的确认法律关系判决，并区分确认现在或过去法律关系的判决与预防性确认判决(确认将来法律关系的判决)。(2)完善确认违法判决。将确认事实行为违法单独列出；引入利益衡量法，将个人利益纳入衡量的范围，严格适用情况判决；行政程序轻微违法且对原告不产生实际影响为适用确认违法判决的两个必备条件，唯同时满足，确认违法判决方才适用恰当;执行完毕的行政行为并非无一例外地适用确认判决,仍要追究被损害的权利是否存在恢复的可能性以及恢复原状所付出的代价是否成比例。若否,则适用确认违法判决,若是,则适用撤销判决;续行确认之诉中,乃为被告改变原行为之后的续行诉讼,对其的审理与裁判,更需注重“确认利益”之要件,法律不保护无谓的争执;不履行与拖延履行非同质行政行为,并行现于确认违法判决适用之景中与前述法条在逻辑处无可自洽,故建议删除2017年《行政诉讼法》第74条中的“拖延履行”。(3)构建价值独立的确认无效判决。此判决形式最珍贵之意义在于能为相对人提供权利救济的延长线。唯开辟无期限的确认无效之诉,其意义才有实现的可能。当然原告之举证责任、确认利益等要件仍为必要。如此,我国行政诉讼确认判决方能得到完善。

“保护公民、法人和其他组织的合法权益”为我国行政诉讼的立法目的之一,本书研究的意图亦源于此。故在重新定位确认判决之时,力求为公民等权利的保护和救济提供最佳判决类型或判决形式,在确认违法或确认无效判决作出之时兼顾减少原告损失,即敦促行政机关采取补救措施,对已经造成的损失进行行政赔偿,并明确行政机关承担赔偿责任的比例,推动实现救济之目标。

在此,希望本书的写作能够唤起学界同人对行政诉讼确认判决的关注，并吸引更多的人热情探索确认判决之“奥秘”，以促进我国行政诉讼确认判决立法之完善、解决确认判决实践适用之困惑、推动中国法治之进步。

参考文献

（一）中文著作

1. 应松年主编：《行政诉讼法学》，中国政法大学出版社 2002 年版。

2. 杨解君：《行政违法论纲》，东南大学出版社 1999 年版。

3. 甘文：《行政诉讼法司法解释之评论——理由、观点与问题》，中国法制出版社 2000 年版。

4. 王名扬：《英国行政法》，北京大学出版社 2007 年版。

5. 王名扬：《法国行政法》，北京大学出版社 2007 年版。

6. 王名扬：《美国行政法》，北京大学出版社 2016 年版。

7. 马怀德主编:《行政诉讼原理》(第 2 版),法律出版社 2009 年版。

8. 叶俊荣:《行政法案例分析与研究方法》,台北,三民书局 1999 年版。

9. 叶俊荣:《环境行政的正当法律保护》,1997 年自版发行。

10. 张树义主编:《寻求行政诉讼制度发展的良性循环》,中国政法大学出版社 2000 年版。

11. 江必新、邵长茂:《新行政诉讼法修改条文理解与适用》,中国法制出版社 2015 年版。

12. 江必新、梁凤云:《行政诉讼法理论与实务》(下),北京大学出版 2011 年版。

13. 江必新:《中国行政诉讼制度之发展》,金城出版社 2001 年版。

14. 江必新:《行政诉讼法——疑难问题探讨》,北京师范学院出版社 1991 年版。

15. 袁杰主编、全国人大常委会法制工作委员会行政法室编著:《中华人民共和国行政诉讼法解读》,中国法制出版社 2014 年版。

16. 薛刚凌:《行政诉权研究》,华文出版社 1999 年版。

17. 杨建顺:《日本行政法通论》,中国法制出版社 1998

年版。

18. 张兴祥:《外国行政程序法研究》,中国法制出版社2010年版。

19. 中华人民共和国最高人民法院行政审判庭编:《中国行政审判案例》(第1卷),中国法制出版社2010年版。

20. 江必新主编、中华人民共和国最高人民法院行政审判庭编:《中国行政审判案例》(第2卷),中国法制出版社2011年版。

21. 江必新、贺荣主编,中华人民共和国最高人民法院行政审判庭编:《中国行政审判案例》(第3卷),中国法制出版社2013年版。

22. 最高人民法院行政审判庭编著:《行政诉讼法司法解释的理解与适用》(上),人民法院出版社2018年版。

23. 胡建淼:《行政法学》(第4版),法律出版社2015年版。

24. 罗豪才主编:《中国司法审查制度》,北京大学出版社1993年版。

25. 陈新民:《德国公法学基础理论》(增订新版下卷),法律出版社2010年版。

26. 马怀德主编:《司法改革与行政诉讼制度的完善》,中国政法大学出版社2000年版。

27. 朱维究:《行政行为的司法监督》,山西教育出版社 1997 年版。

28. 翁岳生编:《行政法》,中国法制出版社 2009 年版。

29. 王学辉主编:《行政诉讼制度比较研究》,中国检察出版社 2004 年版。

30. 梁凤云:《行政诉讼判决之选择适用》,人民法院出版社 2007 年版。

31. 方昕、董安生等:《行政法总论》,人民出版社 1990 年版。

32. 姜明安:《行政诉讼法学》,北京大学出版社 1993 年版。

33. 方世荣:《论具体行政行为》,武汉大学出版社 1996 年版。

34. 童卫东主编:《〈中华人民共和国行政诉讼法〉释义与案例》,中国民主法制出版社 2014 年版。

35. 沈岿:《平衡论:一种行政法认知模式》,北京大学出版社 1999 年版。

36. 章剑生主编:《行政诉讼判决研究》,浙江大学出版社 2010 年版。

37. 章剑生:《行政诉讼法基本理论》,中国人事出版社 1998 年版。

38. 张旭勇:《行政诉讼判决原论》,法律出版社 2017 年版。

39. 王连昌主编:《行政法学》,四川人民出版社 1990 年版。

40. 林莉红等:《行政诉讼法问题专论》,武汉大学出版社 2010 年版。

41. 林莉红:《中国行政救济理论与实务》,武汉大学出版社 2000 年版。

42. 林莉红:《行政诉讼法学》(第 4 版),武汉大学出版社 2015 年版。

43. 林莉红主编:《行政法治的理想与现实:〈行政诉讼法〉实施状况实证研究报告》,北京大学出版社 2014 年版。

44. 刘宗德、赖恒盈:《台湾地区行政诉讼:制度、立法与案例》,浙江大学出版社 2011 年版。

45. 蔡志方:《行政救济与行政法学》(一),台北,三民书局 1993 年版。

46. 孙国华、朱景文主编:《法理学》,中国人民大学出版社 2010 年版。

47. 蔡志方:《行政救济法新论》,台北,元照出版公司 2000 年版。

48. 董安生:《民事法律行为》,中国人民大学出版社 2002

年版。

49. 胡建淼:《行政法学》,法律出版社 1998 年版。

50. 詹镇荣:《民营化法与管制革新》,2005 年自版发行。

51. 杨海坤、章志远:《中国特色政府法治论研究》,法律出版社 2008 年版。

52. 任中杰主编:《行政法与行政诉讼法》,中国政法大学出版社 1997 年版。

53. 王丹红:《日本行政诉讼类型法定化制度研究》,法律出版社 2012 年版。

54. 梁凤云编著:《新行政诉讼法逐条注释》,中国法制出版社 2017 年版。

55. 何海波编:《中外行政诉讼法汇编》,商务印书馆 2018 年版。

56. 江利红:《日本行政诉讼法》,知识产权出版社 2008 年版。

57. 姜明安主编:《行政法与行政诉讼法》,北京大学出版社、高等教育出版社 2011 年版。

(二)中文译著

1. [德]莱奥·罗森贝克:《证明责任论:以德国民法典和民事诉讼法典为基础撰写》,庄敬华译,中国法制出版社 2002

年版。

2. [德]弗里德赫尔穆·胡芬:《行政诉讼法》,莫光华译,法律出版社2003年版。

3. [德]G. 平特纳:《德国普通行政法》,朱林译,中国政法大学出版社1999年版。

4. [德]哈特穆特·毛雷尔:《行政法学总论》,高家伟译,法律出版社2000年版。

5. [德]汉斯·J. 沃尔夫、奥托·巴霍夫、罗尔夫·施托贝尔:《行政法》(第1卷),罗豪才主编,商务印书馆2002年版。

6. [德]埃贝哈德·施密特-阿斯曼等著,乌尔海希·巴迪斯编选:《德国行政法读本》,于安等译,高等教育出版社2006年版。

7. [德]米歇尔·施托莱斯:《德国公法史:国家法学说和行政学(1800—1914)》,雷勇译,法律出版社2007年版。

8. [德]奥托·迈耶:《德国行政法》,刘飞译,商务印书馆2021年版。

9. [德]施密特·阿斯曼:《秩序理念下的行政法体系建构》,林明锵等译,北京大学出版社2012年版。

10. [法]莫里斯·奥里乌:《行政法与公法精要》,龚觅等译,辽海出版社、春风文艺出版社1999年版。

11. [法]古斯塔夫·佩泽尔:《法国行政法》,廖坤明、周洁译,国家行政学院出版社 2002 年版。

12.[法]让·里韦罗、让·瓦利纳:《法国行政法》,鲁仁译,商务印书馆 2008 年版。

13.[法]孟德斯鸠:《论法的精神》(上册),张雁深译,商务印书馆 1959 年版。

14.[日]盐野宏:《行政救济法》,杨建顺译,北京大学出版社 2008 年版。

15.[日]室井力主编:《日本现代行政法》,吴微译,中国政法大学出版社 1995 年版。

16.[日]美浓部达吉:《行政裁判法》,邓定人译,中国政法大学出版社 2005 年版。

17.[日]南博方:《日本行政法》,杨建顺等译,中国人民大学出版社 1988 年版。

18.[英]卡罗尔·哈洛、理查德·罗林斯:《法律与行政》,杨伟东等译,商务印书馆 2004 年版。

19.[英]威廉·韦德:《行政法》,楚建译,中国大百科全书出版社 1997 年版。

20.[英]詹妮·麦克埃文:《现代证据法与对抗式程序》,蔡巍译,法律出版社 2006 年版。

21.[英]梅特兰:《普通法的诉讼形式》,王云霞等译,商务印书馆 2010 年版。

22. [美]伯纳德·施瓦茨:《行政法》,徐炳译,群众出版社 1986 年版。

23. [美]威廉·F. 芬克、理查德·H. 西蒙:《行政法:案例与解析》,中信出版社 2003 年版。

24. [美]约翰·亨利·梅利曼:《大陆法系》(第 2 版),顾培东、禄正平译,法律出版社 2004 年版。

25. [美]本杰明·卡多佐:《司法过程的性质》,苏力译,商务印书馆 2009 年版。

26. [美]E. 博登海默:《法理学——法哲学及其方法》,邓正来等译,华夏出版社 1987 年版。

27. [美]C. H. 麦基文:《宪政古今》,翟小波译,贵州人民出版社 2004 年版。

28. [美]L. 科赛:《社会冲突的功能》,孙立平等译,华夏出版社 1989 年版。

29. [意]彼德罗·彭梵得:《罗马法教科书》,黄风译,中国政法大学出版社 2005 年版。

30. [意]朱塞佩·格罗索:《罗马法史》,黄风译,中国政法大学出版社 2009 年版。

(三)论文类

1. 应松年、薛刚凌:《行政诉讼十年回顾——行政诉讼的成就、价值、问题与完善》，载《行政法学研究》1999 年第 4 期。

2. 薛刚凌：《行政判决制度研究》，载《河南省政法管理干部学院学报》2003 年第 2 期。

3. 章志远：《行政行为概念之科学界定》，载《浙江社会科学》2003 年第 1 期。

4. 章志远：《司法判决中的行政不作为》，载《法学研究》2010 年第 5 期。

5. 章志远：《行政行为无效问题研究》，载《法学》2001 年第 7 期。

6. 章志远：《论行政确认诉讼的运作规则》，载《中州学刊》2009 年第 2 期。

7. 闫尔宝：《行政事实行为之再阐释》，载《公法研究》2005 年第 1 期。

8. 闫尔宝：《论行政事实行为》，载《行政法学研究》1998 年第 2 期。

9. 闫尔宝：《行政机关单方解约权的行使与救济检讨——以最高人民法院司法解释为分析对象》，载《行政法学研究》2020 年第 5 期。

10. 闫尔宝：《司法解释放弃定义具体行政行为的策略检讨》，载《法制与社会发展》2012 年第 4 期。

11. 闫尔宝：《行政不作为重述——界定与审查》，载《甘肃行政学院学报》2008 年第 1 期。

12. 于立深:《行政事实认定中不确定法律概念的解释》,载《法制与社会发展》2016 年第 6 期。

13. 林俊盛:《论行政诉讼起诉期限的适用范围——以行政诉讼类型化为视角》,载《甘肃行政学院学报》2012 年第 6 期。

14. 江必新:《行政行为效力判断之基准与规则》,载《法学研究》2009 年第 5 期。

15. 龚钰淋:《行政事实行为救济制度研究》,载《河北法学》2010 年第 1 期。

16. 张晋红:《关于中间确认判决制度的立法思考》,载《中国法学》2002 年第 5 期。

17. 蔡小雪:《行政确认判决的适用》,载《人民司法》2001 年第 11 期。

18. 杨建顺:《论行政诉讼判决的既判力》,载《中国人民大学学报》2005 年第 5 期。

19. 杨建顺:《行政裁量的运作及其监督》,载《法学研究》2004 年第 1 期。

20. 王克稳:《行政诉讼应增加确认判决》,载《政治与法律》1999 年第 6 期。

21. 周佑勇:《行政不作为的理论界定》,载《江苏社会科学》1999 年第 2 期。

22. 周佑勇:《论行政作为与行政不作为的区别》,载《法商研究(中南政法学院学报)》1996 年第 5 期。

23. 黄学贤:《行政调查及其程序原则》,载《政治与法律》2015 年第 6 期。

24. 黄学贤:《行政诉讼中被告改变具体行政行为研究的学术梳理》,载《法治研究》2010 年第 12 期。

25. 黄学贤、徐恒婧:《新〈行政诉讼法〉第 75 条确认无效判决的司法适用探讨》,载《法治研究》2017 年第 3 期。

26. 黄学贤:《形式作为而实质不作为行政行为探讨——行政不作为的新视角》,载《中国法学》2009 年第 5 期。

27. 黄学贤:《行政诉讼中的情况判决探讨》,载《行政法学研究》2005 年第 3 期。

28. 曹海晶、李祎:《试论行政事实行为及其行政赔偿制度》,载《法治研究》2013 年第 5 期。

29. 王太高:《试论无效行政行为理论》,载《扬州大学学报(人文社会科学版)》2001 年第 6 期。

30. 叶平:《不可撤销具体行政行为研究——确认违法判决适用情形之局限及补正》,载《行政法学研究》2005 年第 3 期。

31. 苏峰:《行政行为效力理论与确认判决制度》,载《行政法学研究》2007 年第 2 期。

32. 郑福广:《行政审判中的确认判决及相关法律问题》,载《人民司法》2000 年第 9 期。

33. 刘军:《论行政确认判决》,载《襄樊学院学报》2002 年第 4 期。

34. 刘德起:《行政诉讼中确认判决的理解和适用》,载《天津市政法管理干部学院学报》2001 年第 3 期。

35. 金伟峰:《建立我国行政诉讼中的确认无效诉讼制度》,载《政法论坛》2005 年第 3 期。

36. 金伟峰:《关于建立我国无效行政行为制度的几个具体问题》,载《浙江社会科学》2005 年第 3 期。

37. 潘昌锋:《试论我国行政判决形式的局限性及其完善》,载《行政法学研究》1997 年第 3 期。

38. 章剑生:《论利益衡量方法在行政诉讼确认违法判决中的适用》,载《法学》2004 年第 6 期。

39. 章剑生:《行政诉讼履行法定职责判决论——基于〈行政诉讼法〉第 54 条第 3 项规定之展开》,载《中国法学》2011 年第 1 期。

40. 陈春龙:《中国司法解释的地位与功能》,载《中国法学》2003 年第 1 期。

41. 杨海坤、章志远:《行政法律关系基本理论问题探析》,

载《河南省政法管理干部学院学报》2004 年第 1 期。

42. 杨海坤、蔡翔:《行政行为概念的考证分析和重新建构》,载《山东大学学报(哲学社会科学版)》2013 年第 1 期。

43. 马艳:《情况判决的适用标准》,载《行政法学研究》2020 年第 2 期。

44. 杨亮庆:《试论一类程序违法行政案件的判决——兼析〈行政诉讼法〉新司法解释第 57、58、59 条》,载《政法论坛》2001 年第 1 期。

45. 蔡虹:《论被告在诉讼中改变具体行政行为》,载《律师世界》1994 年第 9 期。

46. 王锴:《具体行政行为的成立与生效之区分》,载《政治与法律》2012 年第 10 期。

47. 黄锴:《行政诉讼给付判决的构造与功能》,载《法学研究》2020 年第 1 期。

48. 黄润秋:《行政诉讼确认无效判决的法律适用评析——围绕新〈行政诉讼法〉第 75 条展开》,载《法治研究》2016 年第 5 期。

49. 侯丹华:《新〈行政诉讼法〉中几种特殊类型诉讼的判决方式》,载《法律适用》2016 年第 8 期。

50. 邓刚宏:《我国行政诉讼诉判关系的新认识》,载《中国法学》2012 年第 5 期。

51. 关保英:《论行政超越职权》,载《社会科学战线》2011 年第 11 期。

52. 关保英:《行政程序滥用研究》,载《现代法学》2015 年第 3 期。

53. 周伟:《通过案例解释法律:最高人民法院案例指导制度的发展》,载《当代法学》2009 年第 2 期。

54. 孔繁华、苏烨:《行政确认判决的内容与适用》,载《律师世界》2000 年第 5 期。

55. 孔繁华:《论行政继续确认诉讼——从"梁某不服广州市人民政府行政裁决案"谈起》,载《行政法学研究》2011 年第 2 期。

56. 孔繁华:《滥用行政诉权之法律规制》,载《政法论坛》2017 年第 4 期。

57. 孔繁华:《行政诉讼基本原则新辨》,载《政治与法律》2011 年第 4 期。

58. 王万华:《法治政府建设的程序主义进路》,载《法学研究》2013 年第 4 期。

59. 饶亚东、刘井玉:《行政确认判决的适用与诉讼请求的关系》,载《法律适用》2004 年第 7 期。

60. 黄启辉:《完善行政确认判决之若干思考》,载《河南省政法管理干部学院学报》2004 年第 6 期。

61. 林莉红、黄启辉:《论表见代理在行政法领域之导入与适用》,载《行政法学研究》2006 年第 3 期。

62. 曾哲、赵钟根:《行政确认诉讼的理论基础及其完善》,载《甘肃政法学院学报》2014 年第 2 期。

63. 张静:《行政确认判决和驳回诉求的适用》,载《人民司法》2006 年第 4 期。

64. 刘鹤:《行政不作为与行政不履行法定职责辨析》,载《行政与法》2009 年第 3 期。

65. 陈骏业:《不履行、拖延履行法定职责的一种学理阐释》,载《法商研究》2004 年第 2 期。

66. 余洋:《论行政诉讼中的"拖延履行法定职责"》,载《苏州大学学报(法学版)》2019 年第 1 期。

67. 沈岿:《论怠于履行职责致害的国家赔偿》,载《中外法学》2011 年第 1 期。

68. 罗豪才、方世荣:《论发展变化中的中国行政法律关系》,载《法学评论》1998 年第 4 期。

69. 张旭勇:《为我国行政事实行为救济制度辩护》,载《法商研究》2012 年第 2 期。

70. 张旭勇:《权利保护的法治限度——无效行政行为理论与制度的反思》,载《法学》2010 年第 9 期。

71. 张旭勇、尹伟琴:《行政诉讼确认无效判决三题》,载

《行政法学研究》2004 年第 4 期。

72. 陈思融:《行政诉讼补救判决——一种“新”的行政诉讼判决形式》,载《法治社会》2016 年第 1 期。

73. 陈思融:《论行政诉讼补救判决的适用条件》,载《政治与法律》2016 年第 1 期。

74. 屈庆东、李静:《论我国行政确认判决及其完善》,载《山东审判》2010 年第 26 卷第 2 期。

75. 宋冬梅、郝帅、杨如冰:《论否定型行政确认判决的局限及突破》,载《山东审判》2017 年第 33 卷第 1 期。

76. 李泠烨:《论不履行法定职责案件中的判断基准时》,载《当代法学》2018 年第 32 卷第 5 期。

77. 高鸿、金保阳、刘海燕:《确认违法判决在违法传唤案件中的适用》,载《人民司法(案例)》2017 年第 20 期。

78. 侯丹华、韩磊:《行政诉讼中增加补正判决之必要性》,载《人民司法》2014 年第 13 期。

79. 李静怡:《行政诉讼确认无效判决之完善》,载《人民论坛》2010 年第 23 期。

80. 郑春燕:《论“基于公益考量”的确认违法判决——以行政拆迁为例》,载《法商研究》2010 年第 4 期。

81. 王鹏:《行政确认之诉与原告资格转移》,载《法学》2006 年第 6 期。

82. 黄雪娇:《论我国预防性行政诉讼之确立》,载《理论月刊》2015 年第 4 期。

83. 刘飞:《行政诉讼类型制度的功能》,载《法学研究》2013 年第 35 卷第 5 期。

84. 解志勇:《预防性行政诉讼》,载《法学研究》2010 年第 4 期。

85. 刘春:《确认无效诉讼起诉期限的司法填补》,载《行政法学研究》2019 年第 3 期。

86. 张冬阳:《假象行政行为的界定和权利救济》,载《行政法学研究》2019 年第 4 期。

87. 王贵松:《行政行为无效的认定》,载《法学研究》2018 年第 40 卷第 6 期。

88. 王贵松:《论行政行为的违法性继承》,载《中国法学》2015 年第 3 期。

89. 王贵松:《论我国行政诉讼确认判决的定位》,载《政治与法律》2018 年第 9 期。

90. 王贵松:《行政诉讼判决对行政机关的拘束力——以撤销判决为中心》,载《清华法学》2017 年第 4 期。

91. 曹淑伟:《确认行政行为无效诉讼的期限研究》,载《行政法学研究》2017 年第 4 期。

92. 张浪:《行政诉讼中确认无效之诉的问题探讨》,载《法学论坛》2017 年第 2 期。

93. 梁君瑜:《行政行为无效确认之诉的理论内核与制度前景》,载《理论月刊》2016 年第 7 期。

94. 梁君瑜:《论行政诉讼中的确认无效判决》,载《清华法学》2016 年第 4 期。

95. 梁君瑜:《行政程序瑕疵的三分法与司法审查》,载《法学家》2017 年第 3 期。

96. 梁君瑜:《论行政程序瑕疵的法律后果》,载《华东政法大学学报》2019 年第 2 期。

97. 梁凤云:《不断迈向类型化的行政诉讼判决》,载《中国法律评论》2014 年第 4 期。

98. 叶必丰:《最高人民法院关于无效行政行为的探索》,载《法学研究》2013 年第 6 期。

99. 郭修江:《行政诉讼判决方式的类型化——行政诉讼判决方式内在关系及适用条件分析》,载《法律适用》2018 年第 11 期。

100. 杨卓:《违法行政行为处理需要考虑的几点》,载《人民论坛》2018 年第 13 期。

101. 谢玉美、刘为勇:《行政违法行为检察监督程序论》,载《行政法学研究》2017 年第 1 期。

102. 王玎:《行政程序违法的司法审查标准》,载《华东政法大学学报》2016 年第 19 卷第 5 期。

103. 成协中:《行政行为违法性继承的中国图景》,载《中国法学》2016 年第 3 期。

104. 张峰振:《论不当行政行为的司法救济——从我国〈行政诉讼法〉中的“明显不当行政行为”谈起》,载《政治与法律》2016 年第 1 期。

105. 尹婷:《预防性行政诉讼容许性问题初探》,载《西南政法大学学报》2017 年第 19 卷第 1 期。

106. 胡肖华:《论预防性行政诉讼》,载《法学评论》1999 年第 6 期。

107. 李广宇、王振宇:《行政诉讼类型化:完善行政诉讼制度的新思路》,载《法律适用》2012 年第 2 期。

108. 张忠斌、刘曙军:《现行行政判决形式的不足与完善》,载《人民司法》1999 年第 7 期。

109. 张轶昆:《对行政程序违法的审查与处理》,载《山东审判》1999 年第 6 期。

110. 尹权、金松华:《情况判决的理论与现实反思及其完善》,载《政治与法律》2008 年第 3 期。

111. 陈国栋:《论行政赔偿诉讼中的“违法”》,载《政治与法律》2010 年第 8 期。

112. 刘哲玮:《确认之诉的限缩及其路径》,载《法学研究》2018 年第 1 期。

113. 贾亚强:《论行政诉讼实质性解决行政争议的实现——以争讼行政法律关系的确定为研究进路》,载《法律适用》2012 年第 4 期。

114. 杨小军:《从法律与行政关系论政府职能法治化》,载《国家行政学院学报》2013 年第 3 期。

115. 陈无风:《行政协议诉讼:现状与展望》,载《清华法学》2015 年第 4 期。

116. 张向东:《论行政协议合法性审查与合约性审查的关系》,载《江苏社会科学》2020 年第 2 期。

117. 耿宝建、殷勤:《行政协议的判定与协议类行政案件的审理理念》,载《法律适用》2018 年第 17 期。

118. 王利明:《论行政协议的范围——兼评〈关于审理行政协议案件若干问题的规定〉第 1 条、第 2 条》,载《环球法律评论》2020 年第 1 期。

119. 董鑫:《试论我国公务员权利救济之框架》,载《法学论坛》2006 年第 4 期。

120. 张成立:《公务员权利救济法律问题探析》,载《齐鲁学刊》2010 年第 3 期。

121. 豆星星、王少俊:《"行政事实行为"概念辨析》,载《当代法学》2003 年第 6 期。

122. 杨立宪:《论行政事实行为的界定》,载《行政法学研究》2001 年第 1 期。

123. 吕诚、王桂萍:《行政事实行为几个问题的探讨》,载《行政法学研究》1996 年第 4 期。

124. 王红霞:《论法律实施的一般特性与基本原则——基于法理思维和实践理性的分析》,载《法制与社会发展》2018 年第 4 期。

125. 何志为:《行政诉讼应增加判决方式》,载《行政法学研究》2005 年第 3 期。

126. 王宏宇:《从起诉期限看确认无效判决功能定位的转化——以新〈行诉解释〉的观点转变为视角》,载《内蒙古社会科学》2020 年第 2 期。

127. 段文波:《起诉程序的理论基础与制度前景》,载《中外法学》2015 年第 4 期。

128. 王天华:《行政行为公定力概念的源流——兼议我国公定力理论的发展进路》,载《当代法学》2010 年第 3 期。

129. 赵宏:《主观公权利、行政诉权与保护规范理论——基于实体法的思考》,载《行政法学研究》2020 年第 2 期。

130. 陈伏发:《无漏洞救济视角下的行政诉讼受案范围》,载《法律适用》2012 年第 2 期。

131. 汪厚冬:《论行政法上的意思表示》,载《政治与法律》2014 年第 7 期。

132. 刘松山:《人民法院的审判依据》,载《政法论坛》2006 年第 4 期。

133. 吴俊:《论司法最终解决原则——民事诉讼的视角》,载《法治论坛》2008 年第 1 期。

134. 唐志容:《法官如何判决——论司法过程中的法官个人因素》,载《法律方法》2005 年第 4 期。

135. 刘莘、刘红星:《行政纠纷解决机制研究》,载《行政法学研究》2016 年第 4 期。

136. 黄金桥:《司法的被动性与审判职能定位》,载《湖北社会科学》2003 年第 11 期。

137. 张彩旗:《法治中国建设视阈下的合议庭制度改革探究》,载《政法论丛》2014 年第 6 期。

138. 刘瑞华:《司法权的基本特征》,载《现代法学》2003 年第 3 期。

139. 王雪梅:《司法最终原则——从行政最终裁决谈起》,载《行政法学研究》2011 年第 4 期。

140. 张翔:《我国国家权力配置原则的功能主义解释》,载《中外法学》2018 年第 2 期。

141. 景跃进:《中国特色的权力制约之路——关于权力制约的两种研究策略之辨析》,载《经济社会体制比较》2017 年第 4 期。

142. 刘练军：《司法效率的性质》，载《浙江社会科学》2011 年第 11 期。

143. 江伟、肖建国：《论判决的效力》，载《政法论坛》1996 年第 5 期。

144. 江国华、张倩：《论行政判决的反射效力及其强度——以合法性否定判决为侧重》，载《法律科学（西北政法大学学报）》2013 年第 1 期。

145. 王世涛、刘雨嫣《抽象行政行为司法审查制度设计的规范分析》，载《青海社会科学》2016 年第 1 期。

146. 赵元成：《行政诉讼撤销判决适用问题研究》，载《黑龙江社会科学》2007 年第 3 期。

147. 赵清林：《论行政撤销诉讼的适用对象——以行政诉讼类型化为视角》，载《政治与法律》2015 年第 2 期。

148. 阎巍：《行政诉讼禁止判决的理论基础与制度构建》，载《法律适用》2012 年第 3 期。

149. 项一丛：《行政诉讼重作判决的法理分析》，载《公法研究》2004 年第 1 期。

150. 梁上上：《利益衡量的界碑》，载《政法论坛》2006 年第 5 期。

151. 孙建：《法律适用中的国家利益》，载《政法论坛》

2011 年第 6 期。

152. 马长山:《法治的平衡取向与渐进主义法治道路》,载《法学研究》2008 年第 4 期。

153. 孙海波:《疑难案件否定法治吗——依法裁判立场之重申》,载《政治与法律》2017 年第 5 期。

154. 李秀群:《司法中的价值衡量》,载《法律方法》2005 年第 1 期。

155. 张光宏:《利益衡量中的司法公正》,载《法律适用》2009 年第 1 期。

156. 邓世豹、付晓君:《情况判决中个人利益的保护》,载《法治论坛》2007 年第 3 期。

157. 季卫东:《法律程序的意义——对中国法制建设的另一种思考》,载《中国社会科学》1993 年第 1 期。

158. 田瑶:《论行政行为的送达》,载《政法论坛》2011 年第 5 期。

159. 陈振宇:《行政程序轻微违法的识别与裁判》,载《法律适用》2018 年第 11 期。

160. 王世杰:《论行政行为的构成要件效力》,载《政治与法律》2019 年第 9 期。

161. 宋智敏:《论行政拒绝履行行为的司法审查——以 42 份行政拒绝履行案件判决书为分析样本》,载《法学评论》2017

年第 5 期。

162. 温泽彬、曹高鹏:《论行政诉讼履行判决的重构》,载《政治与法律》2018 年第 9 期。

163. 刘宏博:《论行政不作为的司法审查强度》,载《理论与改革》2014 年第 2 期。

164. 贺爱英:《论构建我国无效行政行为制度》,载《行政与法》2011 年第 7 期。

165. 石佑启:《几种特殊类型的行政侵权责任探讨》,载《江海学刊》2001 年第 1 期。

166. 章剑生:《行政诉讼原告资格中"利害关系"的判断结构》,载《中国法学》2019 年第 4 期。

167. 顾爱平:《行政事实行为及其可诉性问题研究》,载《江海学刊》2013 年第 4 期。

168. 杨伟东:《行诉讼一审判决的完善》,载《广东社会科学》2013 年第 1 期。

169. 朱广新:《论"以合法形式掩盖非法目的"的法律行为》,载《比较法研究》2016 年第 4 期。

170. 查云飞:《我国行政诉讼继续确认判决论——基于最高人民法院相关判决展开》,载《环球法律评论》2024 年第 6 期。

171. 赵锋:《新时代行政诉讼判决方式的创新发展》,载

《法律适用》2023 年第 7 期。

172. 贝克尔－埃伯哈德、冯祝恒:《〈德国民事诉讼法慕尼黑评注〉第 256 条(确认之诉)》,载《苏州大学学报(法学版)》2023 年第 3 期。

173. 黄忠顺:《确定判决对案外第三人权益的损害及其救济原理》,载《比较法研究》2021 年第 4 期。

174. 夏云娇、朱张丹:《环境行政公益诉讼履行判决的检视及其完善》,载《湖北社会科学》2021 年第 10 期。

175. 张海燕:《合同解除之诉的解释论展开》,载《环球法律评论》2022 年第 5 期。

(四)学位论文

1. 张旭勇:《行政判决的分析与重构》,中国政法大学 2005 年博士学位论文。

2. 曹达全:《行政诉讼制度功能研究——宪法与行政法治中的行政诉讼制度》,苏州大学 2008 年博士学位论文。

3. 熊勇先:《行政给付诉讼研究》,武汉大学 2010 年博士学位论文。

4. 梁潇:《中国行政诉讼的法律实效研究》,西南政法大学 2016 年博士学位论文。

5. 王霄艳:《论行政事实行为》,苏州大学 2007 年博士学位论文。

6. 解志勇:《论行政诉讼审查标准》,中国政法大学 2003 年博士学位论文。

7. 孔维臣:《行政诉讼诉的利益研究》,武汉大学 2013 年博士学位论文。

8. 刘中欣:《审判中立论——以刑事诉讼为视角》,中国政法大学 2011 年博士学位论文。

9. 吴建雄:《中国二元司法模式研究》,中南大学 2012 年博士学位论文。

10. 李清宇:《非诉执行行政案件司法审查标准研究》,苏州大学 2016 年博士学位论文。

11. 李孝猛:《社会变迁与制度建构——中国行政诉讼制度现代化研究》,华东政法学院 2004 年博士学位论文。

12. 杨东升:《给付诉讼类型研究》,苏州大学 2018 年博士学位论文。

13. 马立群:《行政诉讼标的理论研究——以实体与程序连接为中心》,武汉大学 2011 年博士学位论文。

14. 王薇:《行政诉讼证据可采性规则研究》,武汉大学 2017 年博士学位论文。

15. 常晓云:《我国行政起诉制度研究》,武汉大学 2014 年博士学位论文。

16. 邓刚宏:《行政诉判关系的逻辑及其制度建构——以民事诉讼比较为视角》,武汉大学2009年博士学位论文。

17. 王正斌:《行政行为类型化研究》,中国政法大学2006年博士学位论文。

（五）外文文献

1. Jerry L. Mashaw, *Administrative Law: The American Public Law System Cases and Materials*, 7th Edition, West America Publishing, 2014.

2. Alex Carroll, *Constitutional and Administrative Law*, 6th Edition, Pearson Education Limited, 2011.

3. Neil Parpworth, *Constitutional and Administrative Law*, 7th Edition, Oxford University Press, 2012.

4. Mark Elliott, *The Constitutional Foundations of Judicial Review*, Hart Publishing, 2001.

5. Alexander H. Ttirk, *Judicial Review in EU Law*, Edward Elgar Publishing Limited, 2009.

6. Christopher Forsyth, *Judicial Review and the Constitution*, Hart Publishing, 2000.

后　记

在完成这部学术专著之后，我心中感慨万千，如同经历了一场漫长而又充满意义的旅程。这篇后记，既是对这段旅程的回顾与总结，也是向所有在这一过程中给予我支持与帮助的人们表达感激之情。

一、写作的初衷与研究背景

这部专著的诞生，源于我长期以来对行政诉讼确认判决的浓厚兴趣。细观司法实践，行政诉讼确认判决分类不全、定位不清，导致司法实践中适用标准不一，这一现象引起了我的关注，促使我深入探究其中的原理、机制以及可能的解决方案。从最初的一个模糊的想法，到逐渐形成一个明确的研究课题，这个过程充满了我探索的渴望与对未知的好奇。在这个过程中，我阅读了大量的国内外相关文献，参加了许多学术研讨会，与同行进行了深入的交流，这些经历不断地丰富和完善了我的研究思路。

二、写作过程中的挑战与突破

（一）理论构建的困难

在构建本专著的理论框架时，遇到了诸多挑战，如确认法律关系判决的概念界定的模糊性，确认无效判决中“重大且明显违法”的认定标准难以厘定，确认违法判决与确认无效判决、撤销判决之间转化的难题等。纵然论证过程困难重重，为了解决这些问题，我重新深入研究了的原始文献，追溯其发展脉络，寻找解决的方案，最终困难得以克服。

（二）数据收集与分析的艰辛

数据是支撑学术研究的重要依据。在收集数据的过程中，面临着数据来源的局限性、数据获取的困难等问题。为了获取准确可靠的数据，我不得不在中国裁判文书网等网站收集相关司法案例。然而，数据收集只是第一步，对数据进行有效的分析更是一项艰巨的任务。面对庞大而复杂的数据，一字一句地阅读，一个一个地保存与排除。在这个过程中，我尝试了多种分析工具和技术，不断地进行对比和优化。

（三）保持逻辑连贯性与严谨性

学术专著要求逻辑严密、条理清晰。在写作过程中，确保各个章节之间、每个观点与论据之间的逻辑连贯性并非易事。在初稿完成后，我发现部分章节之间的衔接不够流畅，有些观点的论证也略显薄弱。为了克服这个问题，我对整本书稿进行了多次的梳理和修改。重新调整章节的顺序，增加过渡性的段落和语句，强化论据的支持力度，使整个论述更加严谨、完整。这一过程就像是在搭建一座大厦，每一块砖头（每一个观点）都必须精确地放置在合适的位置，才能保证大厦的稳固。

三、感谢的人

（一）导师与学术前辈

首先，我要向我的导师李傲教授表达深深的感激之情。在整个研究和写作过程中，导师始终给予我悉心的指导和无尽的鼓励。从研究课题的选定到研究方法的指导,从初稿的审阅到终稿的润色,导师的每一个建议都如同明灯,照亮了我前行的道路。导师严谨的治学态度、渊博的学术知识和敏锐的学术洞察力,使我受益匪浅。在毕业离开校园以后,李老师仍然对我的工作和科研给予无私的指导和帮助,师恩难忘,铭记心间! 同时,也要感谢林莉红、刘学在、洪浩等前辈学者,他们的研究成果为我的研究提供了重要的基础和借鉴,他们在学术道路上的开拓精神也激励着我不断前进。

(二)合作者与工作单位

感谢后期研究过程中与我合作的同行。与祁壮、杜娟的合作是一次非常愉快且富有成果的经历。在合作中,我们相互学习、相互启发,共同攻克了一个又一个的难题。他们的专业知识和独特视角为项目的顺利推进特别是确认判决在科研合同中的适用,作出了重要贡献。感谢我的工作单位华北水利水电大学法学院对本书出版的支持! 感谢法学院刘华涛院长、万钧院长、袁宏山院长对我工作的指导! 感谢全体法学院同事对我的帮助!

(三)家人与朋友

在背后默默支持我的家人和朋友也是我要衷心感谢的对

象。家人给予我无尽的关爱和理解,他们承担了许多家庭事务,让我能够全身心地投入研究和写作中。尤其是在我遇到挫折和困难时,他们总是给予我鼓励和支持,让我重新振作起来。我的朋友们也在这个过程中给予我很多的关心,他们的陪伴让我在紧张的写作之余能够放松身心,保持积极的心态。

四、对读者、出版社的感谢与期待

这本书能够与读者见面,是我最大的荣幸。感谢法律出版社编辑老师对本书出版的指导帮助,提出宝贵的意见和建议。感谢每一位阅读这本书的读者,希望你能够从这本书中获取到有价值的信息,无论是对你的学术研究有所启发,还是对你理解行政诉讼确认判决有所帮助。同时,由于本书主要涉及行政诉讼法学领域的理论和实践问题,其中很多制度都在探索和创新之中,加之撰写水平有限,因此,不足和错讹之处在所难免,还望学界同人和社会朋友不吝赐教和批评指正。

五、总结与展望

回顾整个专著的写作过程,这是一段充满挑战但又收获满满的旅程。通过这个过程,我不仅在学术上得到了成长,也在个人的意志品质上得到了锻炼。然而,我也清楚地知道,学术研究是一个不断精进的过程,本专著只是在行政诉讼判决领域的一个阶段性成果。未来,我将继续关注这个领域的发展动态,不断探索新的问题,开展新的研究,希望能为推动行政诉讼判决的发展作出更大的贡献。

这本专著是我多年心血的结晶,也是众多人支持与帮助的结果。它承载着我的学术梦想和对未来的期待,希望它能够在学术的星空中闪烁出属于自己的光芒。